Fredrik Vahle

Das
Fredrik-Vahle
Liederbuch

Fredrik Vahle

1942 in Stendal/Altmark geboren, lebt und arbeitet
Fredrik Vahle heute in der
Nähe von Gießen. Der habi-
litierte Sprachwissenschaft-
ler ist als Autor, Übersetzer,
Liedermacher und Sänger
bekannt.

Das
Fredrik-Vahle
Liederbuch

RAVENSBURGER BUCHVERLAG

Mit Bildern von Ute Krause

Originalausgabe als Anthologie
als Ravensburger Taschenbuch
Band 2003
erschienen 1996
Erstmals in den Ravensburger
Taschenbüchern erschienen 1990
(als MET 6089)
© dieser Ausgabe 1990
Ravensburger Buchverlag

Quellennachweis: siehe Seite 159

Umschlagillustration: Ute Krause

 RTB-Reihenkonzeption:
Heinrich Paravicini, Jens Schmidt

**Gesamtherstellung: Appl, Wemding
Printed in Germany**

6 5 4 3 2 1   01 00 99 98 97 96

ISBN 3-473-52003-9

VORLESEBUCH

Anne
Kaffeekanne

1. Es war einmal ein Mädchen,
das Mädchen, das hieß Anne,
die blies so gern Trompete
auf der Kaffeekanne.
Trari, trara, trara, trari,
bis daß die ganze Nachbarschaft
„Aufhörn!" schrie.
Refrain:
Da flog sie, o Pardon,
auf dem Besenstiel davon,
geradeaus übers Haus
dreimal rum und hoch hinaus.

2. Da kam sie an den Nordpol,
und was war denn da?
Da riefen alle Eskimos:
Wie wunderbar!
Und einer sprach:
Gemach, gemach.
Die Anne kocht uns Lebertran
an jedem Tag.
Refrain

9

3. Dann kam sie in die Wüste,
und was war denn da?
Ein riesengroßer Löwe,
der hungrig war.
Und da sprach er:
Ich mag dich sehr.
Ich habe dich zum Fressen gern.
Komm doch ein Stückchen näher!
Refrain

4. Dann kam sie in die Alpen,
und was war denn da?
Da traf sie auch die Heidi,
die beim Almöhi war.
Sie sprach zu ihr:
Komm, flieg mit mir.
Doch Heidi sprach: Ich war schon weg.
Drum bleib ich lieber hier.
Refrain

5. Da kam sie in den Schwarzwald,
und was war denn da?
Da sprach ein Oberförster
mit strohblondem Haar:
Du bist genau
die richtige Frau.
Du bringst mir die Pantoffeln
für die Tagesschau.
Refrain

6. Sie kam nach Wanne-Eickel,
und was war denn da?
Der kleine Hansi Heinemann,
der einsam war.
Er sprach zu ihr:
Ich flieg mit dir.
Nimm diese Kaffeekanne
als Geschenk von mir.
Flogen sie…

Ayşe und Jan

Text: F. Vahle
Musik: F. Vahle

Es wa-ren ein-mal zwei Kin-der, die
hie-ßen Ay-şe und Jan. Sie wa-ren Nachbarn und
kann-ten sich nicht. So fängt die Ge-schich-te an.
Zu Ay-şe da sagt ih-re Mut-ter: „Geh
nicht zu dem deut-schen Kind." Und Jans Vater, der schimpft auf die
Tür-ken, weil das doch Aus-län-der sind.
La, la, la, la, la, la, la, la, la, la, la, la, la, la,
la, la, la, la, la, la, la, la, la, la, la, la, la, la.

1. Es waren einmal zwei Kinder,
   die hießen Ayşe und Jan.
Die waren Nachbarn und kannten sich nicht.
   So fängt die Geschichte an.
Zu Ayşe da sagt ihre Mutter:
   Geh nicht zu dem deutschen Kind.
Und Jans Vater, der schimpft auf die Türken,
   weil das doch Ausländer sind.
Refrain: La, la, la, la, la, la, la…

2. So spielten die Kinder alleine…
   ein jedes in seinem Hof.
Und beide Kinder fanden alleine spielen doof.
Und zwischendrin war eine Mauer…
   ein undurchdringliches Stück.
Da hat Jan die Ayşe gerufen…
   doch kam keine Antwort zurück.
Refrain

3. Da hat er mit Steinen geworfen,
   und einer traf Ayşe am Kopf.
Da sind Ayşes Brüder gekommen
   und haben den Jan verkloppt.
Da ist der Jan ins Gebüsch
   dicht an der Mauer gekrochen
und hat geweint, als hätten ihn selbst
   mehr als zwanzig Steine getroffen.
Refrain

4. Doch da hat er plötzlich dicht neben sich
    in der Mauer ein Loch entdeckt.
Durch das hat sich eine kleine Hand
    mit einem Stück Kuchen gestreckt.
Da hat sich der Jan gewundert und fragte:
    Was ist das denn da?
Und da sagte Ayşe ganz leise:
    Für dich... ein Stück Baklava.
Refrain

5. Und dann war der Jan bei der Ayşe,
    und dann war die Ayşe beim Jan.
Sie machten das Mauerloch größer,
    so daß man gut durchkrabbeln kann.
Doch einmal hat Jans Vater
    nach seinem Sohn gefragt.
Und da hat unten im ersten Stock
    Oma Papenfuß gesagt:
Der Jan hat vorhin bei den Türken,
    bei unseren Nachbarn gesessen

und hat mit der Ayşe zusammen
eine Friedenstorte gegessen.
Refrain

Jans Vater, der sagte: Wie komisch!
Und stieg die Treppe hinauf.
Von Kindern da kann man was lernen…
So hört die Geschichte auf.
Refrain

Ballade von Hans-mein-Igel

1. Ein Bauer, der war groß und stark
und hatte keinen Sohn.
Er schimpfte seine liebe Frau:
Die Leute spotten schon.
Ach, hätten wir doch nur ein Kind,
und wenn's ein Igel wär.
Die Frau sprach: Mann, dein Fluchen,
das bringt uns kein Kind her.
Doch kam's, daß kurze Zeit darauf,
die Frau ein Kind gebar,
das oben wie ein Igel
und unten menschlich war.
Der Mann sprach: Wär es doch schon tot
hat Stachelhaut und Grind.
Die Mutter weinte und sie sprach:
So ist es doch mein Kind.

15

2. Hans-mein-Igel hat sie dann
    das Stachelkind genannt.
Der Mann, der schämte sich so sehr.
    Fast wär er fortgerannt.
Der Pfarrer sprach, den tauf ich nicht.
    Der paßt auch in kein Bett.
Die Frau legt hintern Ofen Stroh,
    daß er ein Lager hätt.
Der Mann sprach, wär er doch schon tot.
    Jetzt lebt er schon ein Jahr.
Doch als das siebte Jahr brach an,
    lag er noch immer da.
Der Bauer sprach: Ich muß zum Markt.
    Was wollt ihr aus der Stadt?
Die Frau, die wünschte sich ein Kleid,
    doch Hans ein' Dudelsack.

3. Als er den hatte, sprach er noch:
    Nun wohl, das geht gut an.
Nun, lieber Vater, brauch ich noch
    ein' stolzen Gockelhahn.
Auf dem will ich dann reiten
    durch Wiesen, Wald und Dreck,
und wenn du wieder aufwachst,
    dann bin ich endlich weg.
Dann ritt er auf dem Gockelhahn
    im Dorf die Straße lang
und blies auf seinem Dudelsack,
    daß es sehr seltsam klang.

Und als er auf dem Gockelhahn
   noch aus dem Dorf rausritt,
da quiekten alle Schweine,
   und viele liefen mit.

4. Er ritt in einen tiefen Wald,
   weit weg von Dorf und Stadt,
und saß auf einem Eichenbaum
   und blies den Dudelsack…
Und durch die stillen Wälder
   und durch die Täler weit
blies Hans-mein-Igel Dudelsack
   in seiner Einsamkeit…
Ein König kam geritten,
   der war im Wald in Not,
der Hans für seine Rettung
   die eigne Tochter bot.
Da legte Hans-mein-Igel
   die Stachelkleider ab
und war ein schöner junger Mann
   an seinem Hochzeitstag.
Da waren beide glücklich
   und auch das Märchen aus,
doch ging's noch ein Stück weiter,
   ich glaub vor Gustchens Haus.

17

Der Cowboy Jim aus Texas

Text: F. Vahle
Musik: F. Vahle

Der Cow-boy Jim aus Te - xas, der tags auf sei-nem

Pferd saß, hat ei - nen Hut aus Stroh, und da - rin saß ein

Floh. Jip - pi - jeh, _____ jip - pi - jeh, _____

_____ jip - pi - jeh, jeh, jeh, jeh, jeh. _____

1. Der Cowboy Jim aus Texas,
der tags auf seinem Pferd saß,
hat einen Hut aus Stroh,
und darin saß ein Floh.
Refrain:
Jippijeh, jippijeh,
jippijeh, jeh, jeh, jeh, jeh.

2. Der Floh tat Jim begleiten,
er hatte Spaß am Reiten.

18

Und ging der Jim aufs Klo,
dann tat das auch sein Floh.
Refrain

3. Oft macht das Reiten Mühe.
Jim hütet hundert Kühe.
Da kommt er oft in Schweiß
und ruft: Ach, was 'n Scheiß!
Refrain

4. Am Tschikitschobasee
ruft Jim sein Jippijeh.
Doch einst am Lagerfeuer,
da war's da nicht geheuer.
Refrain

5. Im ersten Morgengrauen,
da wollt man Jim verhauen.
Man schlich zu Jimmy fix,
der schlief und merkte nix.
Refrain

6. Der Floh, der hört es trappeln,
tat sich auch gleich berappeln
und stach als echter Floh
den Cowboy in den Po.
Refrain

7. Der Jim sprang auf und fluchte,
als er das Weite suchte.
So war's nix mit Verhauen
im ersten Morgengrauen.
Refrain

8. Der Cowboy Jim aus Texas
sitzt oft bei seiner Oma.
Und beide schaun sich dann
im Fernsehn Cowboyfilme an.
Refrain

Edip

1. Edip ist zur Schule gegangen.
Hat die Stunde angefangen.
Deutsch ist schwer. Er schwitzt dabei.
Edip kommt aus der Türkei.

2. Edip ist hinausgegangen,
hat das Spiel schon angefangen.
Nein, der Türke kommt nicht rein.
Edip findet das gemein.

3. Edip ist nach Haus gegangen,
hat zu grübeln angefangen.
Möchte was machen ganz schlau und geschwind,
daß alle staunen und stolz auf ihn sind.

4. Er ist in die Stadt gelaufen.
Hat kein Geld und kann nichts kaufen.
Hat im Geschäft einen Fußball gesehen,
nagelneu und wunderschön.

5. Hat ihn heimlich mitgenommen.
Ist damit nicht weit gekommen.
Wurde bestraft, sehr hart und gemein.
Wollte Edip kein Edip mehr sein.

6. Dann beim Spielen fehlte einer.
Nur den Edip sah jetzt keiner.
Kam seine Schwester und hat alles erzählt:
Edip schämt sich. Edip fehlt.

7. Sind die Kinder zu Edip gegangen.
Edip, das Spiel hat angefangen.
Komm, mach mit! Drum sind wir hier.
Unser Ball gehört auch dir!

Der Elefant auf dem Spinnennetz

Text: trad., F. Vahle
Musik: trad.

Ein E-le-fant, ja, der ba-lan-cier-te auf ei-nem Spin-nen-, Spin-nen-netz. ___ Da rief er froh Hur-ra, es hält! Ich ho-le mei-ne Freun-din jetzt. ___

1. Ein Elefant,
ja, der balancierte
auf einem Spinnen-, Spinnennetz.
Da rief er froh:
Hurra, es hält!
Ich hole meine Freundin jetzt.

2. Zwei Elefanten,
die balancierten
auf einem Spinnen-, Spinnennetz.
Da riefen sie:
Hurra, es hält!
Da holen wir die Silke jetzt.

22

3. Drei Elefanten,
die balancierten
auf einem Spinnen-, Spinnennetz.
Da riefen sie:
Hurra, es hält!
Da holen wir den Thomas jetzt.

4. Vier Elefanten,
die balancierten…

Und dann hat die Spinne
am Netz gewackelt.
Rumpumpeldibumm,
war das ein Gekrabbel.

23

Der Friedensmaler

1. Da war ein kleiner Junge, und der lief hinein ins Haus
und packte in der Küche seine Zeichensachen aus.
Er saß da, wo man immer den Himmel sehen kann,
nahm Pinsel und nahm Farben und fing zu malen an.

2. Er malte in den Himmel eine große Sonne rein.
Darunter auch zwei Menschen, einen groß…
    und einen klein.
Und neben diesen Menschen fing er zu schreiben an.
Er schrieb mit sehr viel Mühe, daß man's
    gut lesen kann.

Immer soll die Sonne scheinen!
Immer soll der Himmel blau sein!
Immer soll Mutter da sein!
Und immer auch ich!

3. Aus diesen Kinderworten, da hat zu später Nacht
'ne Frau mit viel Musik im Kopf
    ein kleines Lied gemacht.
Das Lied kam bis nach Frankreich. Yvonne
    und auch Madeleine,
die sangen es zusammen sehr deutlich und sehr schön.

Gardez-nous le soleil!
Gardez-nous le bleu du ciel!
Gardez-nous ma mere en vie!
Gardez-moi mon avenir!

4. Das Lied kam nach Amerika und über den Ozean.
Ein Sänger, der Pete Seeger hieß, der fing zu singen an.
Er sang für den Frieden in Vietnam,
    für den Frieden in USA.
Und die Kinder sangen es alle mit, weil das
    auch ihr Lied war.

May there always be sunshine!
May there always be blue skies!
May there always be mama!
May there always be me!

5. Doch einmal fragten die Leute: Wo lebt er,
    in welcher Stadt,
der Junge, der diese Worte zuerst geschrieben hat?
Der Junge lebt in Moskau. Sein Vater fiel im Krieg,
und er hatte in seiner Sprache diese Welt
    und den Frieden lieb.

Pust fsegda budjet sonze!
Pust fsegda budjet njeba!
Pust fsegda budjet mama!
Pust fsegda budu ja!

Immer soll die Sonne scheinen!
Immer soll der Himmel blau sein!
Immer soll Mutter da sein!
Und immer auch ich!

Der **Fuchs**

Text: trad., F. Vahle
Musik: trad.

Der Fuchs saß in der Höh - le drin, die
klei - nen Füch - se um ihn rum, drei Me - ter tief im
Tan - nen - wald bei Id - gen - stein im Tau - nus,
Tau - nus, Tau - nus, drei Me - ter tief im
Tan - nen - wald bei Id - gen - stein im Tau - nus.

1. Der Fuchs saß in der Höhle drin,
die kleinen Füchse um ihn rum,
drei Meter tief im Tannenwald
bei Idgenstein im Taunus, Taunus, Taunus,
drei Meter tief im Tannenwald
bei Idgenstein im Taunus.

2. Dem Fuchs, dem knurrt der Magen sehr,
den kleinen Füchsen noch viel mehr,
wenn's doch nur was zu fressen gäb
im Tannenwald im Taunus.

3. Der Fuchs läuft los, springt übern Bach.
Der Frosch wacht auf: Was 'n das für 'n Krach?
Der Fuchs läuft durch die dunkle Nacht
zum Hof vom Bauern Lempel.

4. Da scharrt der Fuchs sich schnell ein Loch,
wo er zum Entenstall reinkroch,
die dickste Ente schnappt er sich
im Stall vom Bauern Lempel.

5. Er trug die dicke Ente weg,
was stört den Fuchs ihr „quak, quak, quak";
der Fuchs will auch mal Entenspeck
im Tannenwald im Taunus.

6. Da springt der Bauer aus dem Bett:
Die dickste Ente, die ist weg!
Der Fuchs war hier, kreuzsakrament!
Das gottverdammte Luder!

7. Im Fuchsbau war die Freude groß,
der Fuchs, der schmatzte auch gleich los,
die kleinen Füchse schmatzten mit
und knackten Entenknochen.

8. Dann warn die Füchse pudelsatt!
Und schnarchten bis zum nächsten Tag
drei Meter tief im Tannenwald
bei Idgenstein im Taunus.

Das Gespenster kind

1. Es war mal ein Gespensterkind, dem sagte sein Papa:
Ich muß die nächste Nacht weit weg, und du bleibst da!
Gehorsam, brav und ordentlich drehst du zur
    Geisterstunde,
so wie es sich für dich gehört, die große Übungsrunde.

Sargdeckelklappern und Knochenpfeifen,
'ne Ritterrüstung durchs Schlafzimmer schleifen,
dreimal rund um den Friedhof schweben,
ja, so ist das Gespensterleben.

2. Da sagte das Gespensterkind: Ich hab das Üben satt!
Ich will mal richtig gruseln gehn und fliege in die Stadt.
Im ersten Haus da schlupfte es, schwupp, in ein Ofenrohr
und kam dann aus dem Ofenloch
    kohlrabenschwarz hervor.

3. Und alle liefen ganz schnell weg,
    nur nicht die Tante Tine,
die wollt es schnappen und rief laut:
    Ab in die Waschmaschine.
Doch hat sie es nicht mehr erwischt,
    es flog zum Fenster raus
und schlupft kohlrabenschwarz und schnell,
    sogleich ins Nachbarhaus.

4. Doch, ach, da drin, da mußte es gehorsam
    ohne Mucken
mit der Familie Meyerling drei Stunden Fernsehn gucken.
Mainzelmännchen und Krimis sehen,
    keinen Schritt mehr vor die Türe gehen,
immer nur vor der Glotze kleben.
    Ja, so ist manchmal das Menschenleben.

5. Doch beide Eltern schliefen ein.
Die Kinder schlichen raus
und spielten mit dem Gespensterkind
Gespenster rund ums Haus.
Da wachten beide Eltern auf, sahn ängstlich
aus dem Fenster.
Was ist da draußen für ein Lärm?
Das klingt ja wie Gespenster!

Sargdeckelklappern und Knochenpfeifen,
'ne Ritterrüstung durchs Schlafzimmer schleifen.
dreimal rund um den Friedhof schweben.
O Schreck, hier muß es Gespenster geben.

Und als die Kinder wiederkamen,
war das Gespenst schon weg.
Nur in der Sofaecke blieb…
ein kleiner schwarzer Fleck.

Griechisches Winterlied

1. Schlug der Winter auf die Erde,
war sie hart wie Stein.
In den Bergen weht der Eiswind,
jeder ist allein.

2. Zog der Hirte mit den Schafen
längst hinab ins Tal.
Zugefroren sind die Wege
wie zum letzten Mal.
Refrain:
To chimona, to chimona, to chimona…

3. Und am Meer die Wellen rauschen
grau und kalt an Land.
Hartgefroren laufen Spuren
durch den kalten Sand.

4. Nur im Haus ist Licht und Wärme,
wenn man sich noch kennt,
und das gute warme Feuer
unaufhörlich brennt.
Refrain:
To chimona, to chimona, to chimona…

Die Melodie zu diesem Lied kommt aus
Griechenland. „To chimona"
heißt auf deutsch „der Winter".

Der Hase Augustin

Text: F. Vahle
Musik: M. Theodorakis

Es war ein-mal ein Ha - se, ___ der hieß Au - gu -
stin und lief un - glaub-lich schnell. Wenn
der so durch die Ge - gend lief und sei - ne fi - xen
Ha - ken schlug, dann blie-ben al - le Leu-te stehn, um
Au - gu - stin zu sehn. Seht mal, wer da
rennt, seht mal, wer da rennt, das ist wohl der
Au - gu - stin, das Na - tur - ta - lent.

1. Es war einmal ein Hase,
der hieß Augustin
und lief unglaublich schnell.
Wenn der so durch die Gegend lief
und seine fixen Haken schlug,
dann blieben alle Leute stehn,
um Augustin zu sehn.
Seht mal, wer da rennt,
seht mal, wer da rennt,
das ist wohl der Augustin,
das Naturtalent.

2. Augustin, der flitzte,
sprang über manche Pfütze
und aß gern Rosenkohl.
Doch kam der Gärtner angerannt,
schon war der schnelle Hase weg.
Der Gärtner stand im Rosenkohl
und staunte gar nicht schlecht:
Dreimal Sapperment,
dreimal Sapperment!
Das ist wohl der Augustin,
das Naturtalent.

3. Einmal kam ein Jäger,
ein dicker, fetter Jäger,
Herr Schlamm aus Düsseldorf.
Der hatte sich 'ne Jagd gekauft
und wollte jetzt auf Hasen gehn.
Da kommt schon einer angerannt,

Herr Schlamm hat ihn erkannt:
Dreimal Sapperment,
dreimal Sapperment!
Das ist wohl der Augustin,
das Naturtalent.

4. Herr Schlamm nahm seine Flinte,
die knallte los und stank.
Schon flitzt der Hase weg,
die Kugel hinterher.
Doch der Hase war zu schnell,
die Kugel fiel in'n Dreck,
und Herr Schlamm, der schimpfte sehr:
Dreimal Sapperment,
dreimal Sapperment!
Das ist wohl der Augustin,
das Naturtalent.

5. Augustin war stolz,
er trug die Nase hoch
und einen Orden auch.
Er wurde Landesmeister gar
im großen Zickzackdauerlauf,
und bei der Ehrenrunde
sangen alle Mann ganz laut:
Seht mal, wer da rennt,
seht mal, wer da rennt!
Das ist wohl der Augustin,
das Naturtalent.

Hase und Igel

1. Es war einmal ein Igel
und seine Igelfrau,
die lebten recht und schlecht
von Käfern und von Würmern,
nur im Herbst gab's manchmal Obst,
und die konnten bei so Sachen
keine großen Sprünge machen.
Die warn gar nicht schnell,
die warn gar nicht schnell.
Schneller war die Bimmelbahn
in Mariazell.

2. Einmal traf der Augustin
den Igel auf dem Feld,
der trippelt grad nach Haus.
Der Hase lacht den Igel aus,
was der für krumme Beine hätt
und daß er nur im Dreck rumwühlt.
Der Igel ruft zurück:
Augustin, ich wett,
Augustin, ich wett,
mit meinen krummen Beinen
lauf ich deinesgleichen weg.

3. Augustin, der lachte:
Gut, die Wette gilt.

Der Igel lief nach Haus
und holte seine Igelfrau,
versteckte sie am Ackerrand,
denn die sah ganz genauso
wie ihr Igelgatte aus.
Durch die Furchen ging's,
durch die Furchen ging's.
Augustin, der flitzte los,
guckt nicht rechts noch links.

4. Der Igel blieb zurück,
er lief drei Schritte nur,
dann duckte er sich schnell.
Der Hase lief zum andern End,
doch da saß schon die Igelfrau
und sagte unserm Augustin:
Grüß Gott, ich bin schon hier.
Dreimal Sapperment,
dreimal Sapperment,
schimpfte da der Augustin,
das Naturtalent.

5. Augustin, der hetzte
den Acker auf und ab,
dann konnte er nicht mehr.
Er japste wie ein Hühnerhund
und fiel dann aus der Furche raus.
Die Igel trippelten nach Haus
und riefen freudig aus:

Ui, was sind wir schnell,
ui, was sind wir schnell,
schneller als der Omnibus
nach Mariazell.

6. Die Igel waren schlau,
sie hielten fest zusammen
und sprachen sich gut ab.
So kriegten sie den Hasen dran,
der sonst so blitzschnell laufen kann.
Was ham die Igel laut gelacht:
Das ham wir gut gemacht.
Ui, was sind wir schnell,
ui, was sind wir schnell,
schneller als der Omnibus
nach Mariazell.

Hau-mich-nicht-Lied

Text: F. Vahle
Musik: F. Vahle

1. Komm, wir laufen los,
springen auf die Bank
und aufs alte Sofa drauf
hoch vom Kleiderschrank.
Refrain:
Doch, hau mich, hau mich, hau mich,
hau mich, hau mich lieber nicht.
Beiß mich nicht und kratz mich nicht
und hau mich lieber nicht.

2. Wir verkleiden uns,
ich nehm Vatis Schuh,

du nimmst Omas Unterrock
und Opas Hut dazu.
Refrain

3. Und aus Tisch und Stühlen,
baun wir uns ein Haus,
und du guckst zum Boden-,
ich zum Kellerfenster raus.
Refrain

4. Und dann sind wir froh,
wie ein Eskimo,
geben uns ein Nasenküßchen,
denn das kitzelt so.
Refrain

Herr Krötzkopp wollte bauen

1. Herr Krötzkopp wollte baun,
doch nur für sich allein,
damit sein Reichtum größer wird,
da fiel er aber rein, da fiel er aber rein.

2. Die Großgarage war
geplant für sehr viel Geld.
Der Kinderspielplatz sollte weg
durch Krötzkopps vieles Geld.

3. Das ist doch unerhört,
ganz Muckstadt war empört.
Man hatte Wut und schimpfte laut.
Die Kinder ham's gehört.

4. Der Lehrer hat's gehört,
auch er war sehr empört.
Die Eltern kriegten's auch bald mit,
es wurden immer mehr.

5. Sie schrieben auf Papier:
Der Spielplatz, der bleibt hier!
Verteilten's in der ganzen Stadt,
damit man das kapiert.

6. Doch Krötzkopp, der blieb stur:
Was wolln die Leute nur?
Der Spielplatz, der wird weggemacht
ab Mittwoch, sieben Uhr.

7. Die Bauleut rückten an
im ersten Sonnenschein,
sie sahn viel' Leute und ein Schild:
Hier soll kein Bauplatz sein!

8. Der Maurer Emil Ott,
der kratzte sich am Kopp:
Auch wir ham schließlich Kinder, und
wir machen erst'mal stopp.

9. Doch dann auwei, auwei,
dann kam die Polizei,
der Hauptwachtmeister sagte streng,
daß dies nicht rechtens sei.

10. Die Polizei war stark,
kam mit zweihundert Mann.
Die Leute auf dem Spielplatz drauf,
die hielten fest zusammen.

11. Der Bürgermeister sprach:
Wir geben besser nach.
Herr Krötzkopp soll woanders baun,
sonst gibt's bei uns noch Krach.

12. Die großen und kleinen Leut,
was ham die sich gefreut!
Ein Krötzkopp setzt sich meistens durch,
doch die ham's ihm gezeigt.

13. In Muckstadt hat's geklappt,
sie setzten Krötzkopp matt
und zeigten vielen andren Leuten,
wie man so was macht.

Das Hexenmädchen

1. Ich bin ein Hexenmädchen,
und ich trage Hexenschuh.
Ich trage Hexenstrümpfe.
Was sagst du denn dazu!
Mäusepfiff und Bärenspeck.
Du bist da und ich bin… weg.

2. Ich laufe übers Wasser,
und ich spucke in den Wind.
Ich fliege schnell wie Löwenzahn,
geschwind, geschwind, geschwind.
Mäusepfiff und Bärenspeck.
Du bist da und ich bin… weg.

3. Ich reite zu den Wolken,
und ich spring ins weite Meer.
Ich kletter durch die Wälder
und komm von Süden her.
Mäusepfiff und Bärenspeck.
Du bist da und ich bin… weg.

4. Mein allerbester Freund,
das ist der schwarze Mann,
der oben auf dem Schornstein steht
und Hexen leiden kann.
Mäusepfiff und Bärenspeck.
Du bist da und ich bin… weg.

5. Nur manchmal hat er Angst,
daß er bald einsam wär.
Dann springe ich aufs Dach hinauf
und tröste ihn gar sehr.
Mäusepfiff und Bärenspeck.
Du bist da und ich bin… weg.

6. Ich bin ein Hexenmädchen,
und ich trage Hexenschuh.
Ich trage Hexenstrümpfe.
Was sagst du denn dazu!
Mäusepfiff und Bärenspeck.
Du bist da und ich bin… weg.

43

Higgelty, Piggelty, Pop und Pu

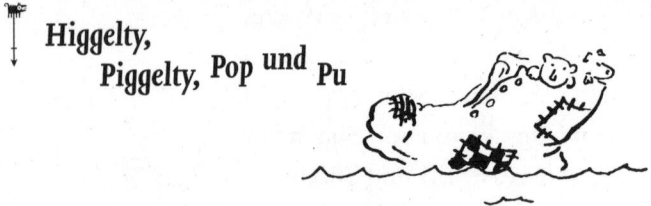

Text: F. Vahle
Musik: F. Vahle

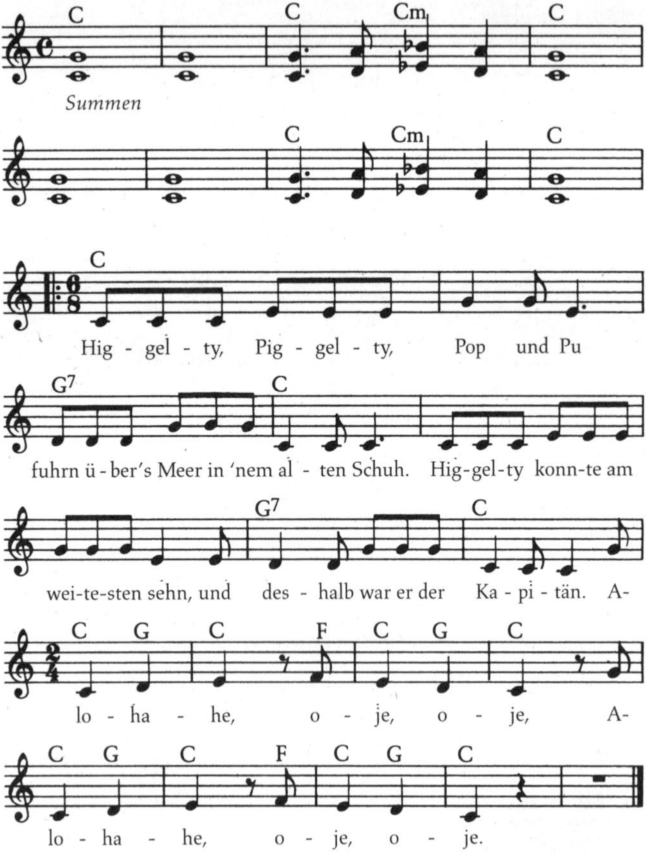
C C Cm C
Summen
C Cm C
C
Hig - gel - ty, Pig - gel - ty, Pop und Pu
G7 C
fuhrn ü - ber's Meer in 'nem al - ten Schuh. Hig-gel-ty konn-te am
G7 C
wei-te-sten sehn, und des - halb war er der Ka - pi - tän. A-
C G C F C G C
lo - ha - he, o - je, o - je, A-
C G C F C G C
lo - ha - he, o - je, o - je.

1. Higgelty, Piggelty, Pop und Pu
fuhrn übers Meer in 'nem alten Schuh.
Higgelty konnte am weitesten sehn,
und deshalb war er der Kapitän.
Refrain:
Alohahe, o je, o je,
Alohahe, o je, o je.

2. Piggelty gab die Richtung an,
und deshalb war er der Steuermann.
Pop und Pu, die kochten Tee,
so fuhren die viere über die See.
Refrain

3. Und eines Abends gleich hinter Alaska
fragt Higgelty Piggelty: Was is 'n das da?
Piggelty rief: Ein Pottwal ist das!
Und der Pottwal spritzte sie alle naß.
Refrain

4. Ein Schiff mit Piraten fuhr heran,
und Piggelty rief: Wir rammen den Kahn!
Die Piraten kriegten ein' Riesenschreck
und flohen und flohen, und dann warn se weg.
Refrain

5. Und einmal da führte Pop das Steuer,
da kam ein furchtbares Seeungeheuer.
Und Pop rief: Komm, ich küsse dich!
Da tauchte es weg, denn das mochte es nicht.
Refrain

45

6. So fuhren sie wohl sieben Jahr
von Honolulu nach Sansibar,
durch Wind und Wellen und immerzu
fuhren Higgelty, Piggelty, Pop und Pu.
Refrain

7. Doch seht ihr mal einen Schuh am Meer,
und es ist, als ob da was drinnen wär,
und es kichert und quaddelt und quakt immerzu,
sind das Higgelty, Piggelty, Pop und Pu.
Refrain

Der Hühnerhof

1. Der Hahn läuft im Hühnerhof hin und her
und wünscht sich, daß er da der Größte wär,
und springt auf den Mist und singt:
Kokidudeldu di dudeldidudeldidudeldidu.

2. Das Huhn scharrt herum auf dem Hühnerhof
und denkt sich, der Hahn ist schön bunt, doch doof.
Und das Huhn hör ich kakeln:…
und der Hahn auf dem Mist, der macht:
Kokidudeldu…

3. Die Ente, die watschelt am Mist vorbei
und sagt sich: Der Kerl legt nicht mal ein Ei.
Und die Ente, die hör ich:…

und das Huhn hör ich kakeln:…
und der Hahn auf dem Mist, der macht:
Kokidudeldu…

4. Die Katze, die guckt aus dem Kellerloch
und ruft: Ihr vertreibt mir die Mäuse noch.
Und die Katze, die hör ich:…
und die Ente, die hör ich:…
und das Huhn hör ich kakeln:…
und der Hahn auf dem Mist, der macht:
Kokidudeldu…

5. Der Hund, der nagt grad einen Knochen ab,
den hat er der Bauersfrau weggeschnappt.
Und den Hund hör ich bellen:…
und die Katze, die hör ich:…
und die Ente, die hör ich:…
und das Huhn hör ich kakeln:…
und der Hahn auf dem Mist, der macht:
Kokidudeldu…

6. Herrje, wie das Schwein wieder grunzt und quiekt,
als hätte ihm wer in den Po gepiekt.
Und das Schwein hör ich grunzen:…
und den Hund hör ich bellen:…
und die Katze, die hör ich:…
und die Ente, die hör ich:…
und das Huhn hör ich kakeln:…
und der Hahn auf dem Mist, der macht:
Kokidudeldu…

7. Der Goldfisch, der schwimmt im Aquarium,
den ganzen Tag nur im Kreis herum.
Und der Goldfisch, der schwimmt und macht:…
und das Schwein hör ich grunzen:…
und den Hund hör ich bellen:…
und die Katze, die hör ich:…
und die Ente, die hör ich:…
und das Huhn hör ich kakeln:…
und der Hahn auf dem Mist, der macht:
Kokidudeldu…

8. Der Bauer, der ruht sich vorm Fernsehn aus,
er hat so viel Arbeit tagein, tagaus,
und schon schläft er ein und macht:...
Und im Traum hört er die Tiere alle ganz, ganz leise:
Und den Goldfisch, den hört er:...
und das Schwein hört er grunzen:...
und den Hund hört er bellen:...
und die Katze, die hört er:...
und die Ente, die hört er:...
und das Huhn hört er kakeln:...
und der Hahn auf dem Mist, der macht:
Kokidudeldu...

gesprochen:
9. Und eines Nachts, da kam ein schlauer Igel.
Der hat jedem Tier eine Fremdsprache beigebracht.
Und dann klang das Lied so:*)
Und den Goldfisch, den hör ich:...
und das Schwein hör ich grunzen:...
und den Hund hör ich bellen:...
und die Katze, die hör ich:...
und die Ente, die hör ich:...
und das Huhn hör ich kakeln:...
und den Hahn hör ich singen:...
und der Bauer vorm Fernsehn macht:
Kokidudeldu di dudeldidudeldidudeldidu.

*) Jetzt fängt der Goldfisch an zu bellen,
das Schwein fängt an zu kakeln usw.

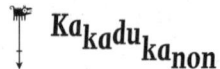

Text: F. Vahle, W. Hering
Musik: trad.

Auf dem Gum-mi-baum sitzt der Ka - ka - du, ____

macht sein lin-kes Au-ge auf und zu. ___ Lacht, Ka-ka-du, der

lacht. Ka - ka - du, der lacht die gan - ze Nacht.

1. Auf dem Gummibaum
sitzt der Kakadu,
macht sein linkes Auge
auf und zu.
Lacht, Kakadu, der lacht.
Kakadu, der lacht die ganze Nacht.

2. Auf dem Gummibaum
sitzt der Kakadu
und frißt Gummibärchen immerzu.
Laß, Kakadu, ach laß,
Kakadu, ach laß mir auch noch was!

Der Kastanienbaum

1. Auf dem großen Rudolfsplatz
     wächst ein kleiner Baum,
der ist noch so winzig, ach, man glaubt es kaum.
Pflegten ihn die Leute, liefen um ihn rum.
Gaben ihm zu trinken, keiner trat ihn um.
//: Glaubt man kaum, glaubt man kaum,
so ein klitzekleiner Baum //:

2. Und er wurde größer… Knospen, Blüten, Blätter,
wurde ein Kastanienbaum, trotzte Wind und Wetter.
Und im Mai, da steckt er Blütenkerzen an,
die man auf dem Rudolfsplatz leuchten sehen kann.
//: Glaubt man kaum, glaubt man kaum,
so ein wunderschöner Baum //:

3. Ja, den Baum vom Rudolfsplatz haute keiner weg.
Und die Leute freuten sich: Was ein schöner Fleck!
Aber an den Rudolfsplatz baute Herr von Schwinn
aus Beton und Stahl und Glas… so ein Hochhaus hin.
//: Glaubt man kaum, glaubt man kaum,
grad vor den Kastanienbaum //:

4. Schwinn schickt welche mit der Axt, als es Winter war,
aber um den kahlen Baum saßen Leute da.

Und die ließen niemand durch. Das wär doch gelacht,
nein, aus userm Baum wird kein Kleinholz
    draus gemacht.
//: Glaubt man kaum, glaubt man kaum,
wundert sich der kahle Baum //:

5. Herr von Schwinn, der gab nicht auf, holt die Polizei,
unter dem Kastanienbaum gab's 'ne Keilerei.
Doch die Oma Kruse sagt: Das muß vor Gericht!
So wie der Herr Schwinn das macht, geht das
    einfach nicht!
//: Glaubt man kaum, glaubt man kaum,
wundert sich der kahle Baum //:

6. Ja, die Richter brauchten lang. So verging die Zeit.
Bald stand der Kastanienbaum da im Frühlingskleid.
Alle sahn den schönen Baum: Nein,
    der kommt nicht weg.
Denn wir brauchen alle so einen grünen Fleck.
//: Glaubt man kaum, glaubt man kaum,
lachte der Kastanienbaum //:

7. Hintern hoch und ab die Post, rumdibumdibum,
tanzten alle Leute da, um den Baum herum.
Und da tanzte auch ganz sacht,
    ach, man glaubt es kaum,
mitten auf dem Rudolfsplatz ein Kastanienbaum.
//: Glaubt man kaum, glaubt man kaum,
da tanzt ein Kastanienbaum //:

Die Katze Musulunga

Text: D. Alvarez-Conception,
F. Vahle
Musik. D. Alvarez-Conception

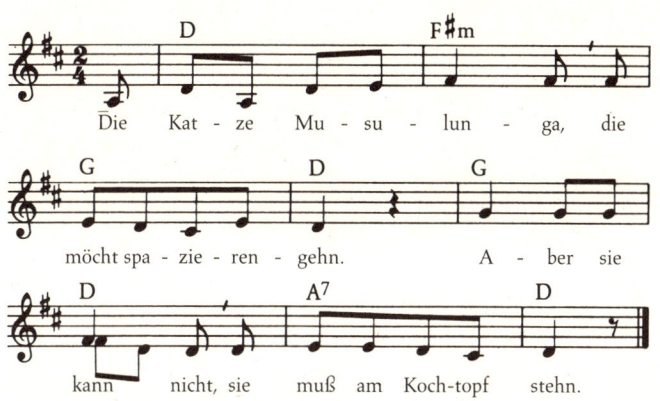

Die Kat - ze Mu - su - lun - ga, die möcht spa - zie - ren - gehn. A - ber sie kann nicht, sie muß am Koch-topf stehn.

1. Die Katze Musulunga, die möcht spazierengehn.
Aber sie kann nicht, sie muß am Kochtopf stehn.

2. Die Katze Musulunga möcht in die Sonne gehn.
Aber sie kann nicht, sie muß noch Hosen nähn.

3. Die Katze Musulunga, die möcht gern Sahne naschen,
aber sie kann nicht, sie muß noch Socken waschen.

4. Die Katze Musulunga möcht singen und laut lachen.
Aber sie kann nicht, sie muß Pfannekuchen backen.

5. Die Katze Musulunga möcht übern Eckstein springen. 53
Aber sie kann nicht, sie muß
Schuh zum Schuster bringen.

6. Die arme Musulunga, die möchte gerne ruhn.
Aber sie kann nicht, sie hat so viel zu tun.

letzte Strophen

D   F#m

Der   Ka - ter   Mu - su - lun - go kommt
der   Ka - ter   Mu - su - lun - go, der

G   D   G

end - lich auch nach   Haus.   Und dann kön - nen
hilft ihr end - lich   aus.   Und dann kön - nen

D   A⁷   D

bei - de zu - sam - men   sin - gen,
bei - de ü - bern Eck - stein sprin - gen,

G   D   A⁷   D

und dann kön - nen   bei - de zu - sam - men   la - chen,
und dann kön - nen   bei - de   Späß - chen   ma - chen,

G   D   A⁷   D

und dann kön - nen   bei - de noch   so   viel   tun ____

54

G   D   A⁷   D

und dann kön - nen   bei - de zu - sam - men   ruhn…

7. Der Kater Musulungo kommt endlich auch nach Haus,
der Kater Musulungo, der hilft ihr endlich aus.

8. Und dann können beide zusammen singen,
und dann können beide übern Eckstein springen,
und dann können beide zusammen lachen,
und dann können beide Späßchen machen,
und dann können beide noch so viel tun –
und dann können beide zusammen ruhn…

55

Das Katzentatzentanzspiel

Guck, die Katze tanzt allein,
tanzt und tanzt auf einem Bein.

1. Kam der Igel zu der Katze: Bitte reich mir deine Tatze!
Mit dem Igel tanz ich nicht. Ist mir viel zu stachelig.

Doch der Igel neigt sich vor, sagt der Katze was ins Ohr:
....
Und dann tanzen sie zu zwein über Stock und über Stein.
Und dann tanzen sie zu zwein über Stock und über Stein.
Und dann gingen beide heim.

Guck, die Katze tanzt allein,
tanzt und tanzt auf einem Bein.

2. Kam der Hase zu der Katze: Bitte reich mir deine Tatze!
Mit dem Hasen tanz ich nicht. Ist mir viel zu zappelig!

Doch der Hase neigt sich vor, sagt der Katze was ins Ohr:
....
Und dann tanzen sie zu zwein über Stock und über Stein.
Und dann tanzen sie zu zwein über Stock und über Stein.
Und dann gingen beide heim.

Guck, die Katze tanzt allein,
tanzt und tanzt auf einem Bein.

3. Kam der Dackel zu der Katze: Bitte reich mir
deine Tatze!

Mit dem Dackel tanz ich nicht, denn der tanzt
    so wackelig.

Doch der Dackel neigt sich vor,
    sagt der Katze was ins Ohr:
....
Und dann tanzen sie zu zwein über Stock und über Stein.
Und dann tanzen sie zu zwein über Stock und über Stein.
Und dann gingen beide heim.

Guck, die Katze tanzt allein,
tanzt und tanzt auf einem Bein.

4. Kam die Wildsau zu der Katze: Bitte reich mir
    deine Tatze!
Mit der Wildsau tanz ich nicht, denn die grunzt
so fürchterlich.

Doch die Wildsau neigt sich vor, sagt der Katze
    was ins Ohr:

....

Und dann tanzen sie zu zwein über Stock und über Stein.
Und dann tanzen sie zu zwein über Stock und über Stein.
Und dann gingen beide heim.

Guck, die Katze tanzt allein,
tanzt und tanzt auf einem Bein.

5. Das Gespenst kam zu der Katze: Bitte reich mir
    deine Tatze!
Mit dem Gespenst, da tanz ich nicht. Ist mir
    viel zu gruselig.

Doch das Gespenst, das neigt sich vor, sagt der Katze
    was ins Ohr:

....

Und dann tanzen sie zu zwein über Stock und über Stein.
Und dann tanzen sie zu zwein über Stock und über Stein.
Und dann gingen beide heim.

6. Kam der Kater zu der Katze, leckte ihr ganz lieb
    die Tatze,
streichelt sie und küßt sie sacht, und schon hat sie
    mitgemacht.
Er bringt alle andern mit, und schon tanzen sie
    im Schritt,
einmal laut und einmal leis, und schon tanzen sie
    im Kreis
bis zum Abendsonnenschein, und dann gingen alle heim.

Kawuras – Der Krebs

Text: F. Vahle
Musik: trad.

Hm

Vorspiel

Hm

Guck, der Krebs kommt an - ge - lau - fen,
Holt die Trom - mel und die Flö - te

F#m   **Hm**   **D**

hat ge - ju - belt und ge - schrien. Ja, der Krebs will
und auch mei - nen Tam - bou - rin.

G   **D**   **D**   **G**   **D**

heu - te tan - zen durch den Sand und durch die Nacht.

D

Ka - wu - ras ke ka - wu - ra - ki,

A⁷   **D**

ka - wu - ri - na ka - wu - ras.

59

1. Guck, der Krebs kommt angelaufen,
hat gejubelt und geschrien.
Holt die Trommel und die Flöte
und auch meinen Tamburin.
Ja, der Krebs will heute tanzen
durch den Sand und durch die Nacht.
Kawuras ke kawuraki,
kawurina kawuras.

2. Kommt die Qualle angewackelt:
Halt, ich möchte auch noch mit!
Und sie hängt sich an den Krebs dran,
und der kommt fast aus dem Tritt.
Ja, der Krebs will heute tanzen
durch den Sand und durch die Nacht.
Kawuras…

3. Ruft der Krebs: Ist das 'ne Freude;
ruft der Krebs: Ist das ein Glück.
Ich kann tanzen wie ein König,
aber immer nur zurück.
Ja, der Krebs will heute tanzen
durch den Sand und durch die Nacht.
Kawuras…

4. Und sie tanzten immer weiter,
bis die Morgensonne schien,
klingt die Trommel und die Flöte
und dazu das Tamburin,
Ja, der Krebs will heute tanzen

durch den Sand und durch die Nacht.
Kawuras ke kawuraki,
kawurina kawuras.
La la la la…
…ja, der Krebs will heute tanzen
durch den Sand und durch die Nacht.
Kawuras…

Das Lied stammt aus Griechenland. Es kommen auch
einige griechische Wörter darin vor: Kawuras - der Krebs;
Kawurina - die Krebsin; Kawuraki - der kleine Krebs.

Kitzel_{stein}^{lied}

1. Wer will mit nach Klatschenbach,
mit Sack und Pack nach Klatschenbach?
Wer will mit nach Klatschenbach?
Nach Kli, Kla, Klatschenbach.

2. Da fließt der kalte Flüsterbach,
der fließt und flüstert Tag und Nacht,
der fließt und flüstert immerzu
und findet keine Ruh.

3. Dann kraxeln wir zum Kitzelstein,
zum Kille, Kille, Kitzelstein.
Dann kraxeln wir zum Kitzelstein,
zum Kille, Kitzelstein.

61

4. Jetzt zwickt mich was und zwackt mich was,
verflixt noch mal, was ist denn das?
Das zwickt und zwackt mich immerzu,
ich glaube, das bist du!

5. Doch da fängt wer zu weinen an.
Auwei, jetzt weinen alle Mann.
Sogar ein Maulwurf weint gleich mit,
als er uns weinen sieht.

6. Dann laufen wir den Streichelpfad,
den lieben langen Streichelpfad.
Ich streichel dich, du streichelst mich,
ach, ist das wonniglich.

7. Dann schlendern wir nach Schunkelheim,
da schunkeln alle, groß und klein,
und auf dem Kopf vom Doktor Schmidt,
da schunkeln froh zwei Flöhe mit.

8. Dann fangen wir zu pfeifen an,
dann fangen wir zu pfeifen an.
Erst laut und dann ganz leis und sacht
ein Lied zur guten Nacht.

Pfeifstrophe:
Wir legen uns ins weiche Gras,
wir legen uns ins weiche Gras
und schnarchen alle Mann laut mit
am Schluß von unserm Lied.

Das kleine bunte Trampeltier

Text: F. Vahle, Musik: F. Vahle

D **A**

Ach, heu - te ist auch gar nichts los, wir
Doch plötz - lich tut sich drau - ßen was, ver-

D

sit - zen da und gäh - nen bloß und rä - keln uns ganz
flixt nochmal, was ist denn das? Doch plötz - lich tut sich

A7 **D**

mü - de rum und sind ganz still und stumm.
drau - ßen was, ver - flixt, was ist denn das?

Refrain:

Na - nu, was ist das für ein Tier?
Das tram - pelt da, das tram - pelt hier,

G **D** **A7** **D**

Ach, ein klei - nes Tram - pel - tier.
das _____ klei - ne Tram - pel - tier.

63

1. Ach, heute ist auch gar nichts los,
wir sitzen da und gähnen bloß
und räkeln uns ganz müde rum
und sind ganz still und stumm.
Refrain:
Nanu, was ist das für ein Tier?
Ach, ein kleines Trampeltier.
Das trampelt da, das trampelt hier,
das kleine Trampeltier.

2. Doch plötzlich tut sich draußen was,
verflixt noch mal, was ist denn das?
Doch plötzlich tut sich draußen was,
verflixt, was ist denn das?
Refrain

3. Es schnüffelt überall herum,
es schnüffelt rum im Publikum,
es schnüffelt rechts, es schnüffelt links,
ich glaub, es denkt, hier stinkt's.

4. Jetzt bellt und grunzt das Trampeltier
und tanzt herum auf allen viern
und tanzt und freut sich richtig hier,
das kleine bunte Trampeltier.
Refrain

5. Wir schleichen uns ganz leise ran,
was so ein Trampeltier doch kann.
Zuerst ham wir nur mitgelacht,
dann ham wir mitgemacht.

6. Wir summen mit dem Trampeltier…
Wir zischen mit dem Trampeltier…
Wir trompeten mit dem Trampeltier…
Refrain

7. Doch da kommt schon ein Polizist,
weil hier so viel Getöse ist.
Das Tier steht grad im Parkverbot,
der Polizist sieht rot.

8. Es soll gleich eine Strafe zahln,
das Trampeltier, das denkt nicht dran.
Der Polizist sagt: Unerhört!
Jetzt wirst du eingesperrt.
Refrain

9. Da schleichen wir heran ganz leis
und machen den Gespensterkreis
und heulen rund ums Trampeltier,
als wären zehn Gespenster hier.

10. Der Polizist bleibt da, auwei,
wir machen den Gespensterschrei,
da kriegt er einen Riesenschreck
und läuft ganz hastig weg.
Refrain

11. Wir freun uns so und tanzen drum
ums bunte Trampeltier herum,
so alle Mann im Hopsetritt,
das Trampeltier tanzt mit.

12. Das kleine bunte Trampeltier
blieb leider nur ein Weilchen hier.
Wie es dann in die Ferne fliegt,
hört es noch unser Lied.
Refrain:
Nanu, was war das für ein Tier?
Ach, ein kleines Trampeltier,
blieb leider nur ein Weilchen hier,
das kleine Trampeltier.

Die Krähe

1. Der Bauer, der ging in den Winterwald.
Warum? Darum! Schnee fiel in der Nacht.
Sein Bart war voll Reif, und die Füße waren kalt.
Warum? Darum! Die Krähe hat gelacht.

2. Im allerersten Baume saß ein schwarzes Tier.
Warum? Darum! Schnee fiel in der Nacht.
Das war eine Krähe, und die schrie so laut wie vier.
Warum? Darum! Die Krähe hat gelacht.

3. Da wurde unser Bauer vor Angst ganz klein,
Warum? Darum! Schnee fiel in der Nacht,
und schlupfte kopfüber in ein Mauseloch rein.
Warum? Darum! Die Krähe hat gelacht.

4. Doch da sah er sein Gewehr, und da wurd er
   wieder groß.
Warum? Darum! Schnee fiel in der Nacht.
Und er zielte auf die Krähe, und der Schuß krachte los.
Warum? Darum! Die Krähe hat gelacht.

5. Und die Krähe, die schleppte er schnell nach Haus.
Warum? Darum! Schnee fiel in der Nacht.
Und dann kam er zwei Tage aus dem Haus
   nicht mehr raus.
Warum? Darum! Die Krähe hat gelacht.

6. Aus dem Fett von der Krähe machte er zu Haus,
Warum? Darum! Schnee fiel in der Nacht,
alle Schmalztöpfe voll und noch zwölf Kerzen daraus.
Warum? Darum! Die Krähe hat gelacht.

7. Auch der Braten von dem Krähenfleisch
   war riesengroß.
Warum? Darum! Schnee fiel in der Nacht.
Und der Bauer, der schmatzte wie
   ein Scheunendrescher los.
Warum? Darum! Die Krähe hat gelacht.

8. Mit den Federn stopfte er alle Betten aus.
Warum? Darum! Schnee fiel in der Nacht.
Von nun an schlief jeder schön warm in dem Haus.
Warum? Darum! Die Krähe hat gelacht.

9. Aus der Haut, ja, da machte er zwölf Paar Schuh.
Warum? Darum! Schnee fiel in der Nacht.
Und die Oma, die kriegte Pantoffeln dazu.
Warum? Darum! Die Krähe hat gelacht.

10. Und dann hat der Bauer an sich selbst gedacht,
Warum? Darum! Schnee fiel in der Nacht,
und hat sich aus dem Kopf
    einen Kleiderschrank gemacht.
Warum? Darum! Die Krähe hat gelacht.

11. Und am nächsten Tag, da ging er wieder in den Wald.
Warum? Darum! Schnee fiel in der Nacht.
Und da hat er sie gehört, ach, da wurd ihm
    heiß und kalt.
Warum? Darum! Die Krähe hat gelacht.

Leni Tanzbein

Text: F. Vahle
Musik: F. Vahle

Der Bau - er ist zu trä - ge, die Kat - ze ist zu klein. Da tanzt die Le - ni Cha - Cha - Cha mit ih - rem Lieb - lings - schwein.

Refrain:

Schwupp di - wupp die Le - ni hop - pel di - pop - pel di pop. Schwupp di - wupp die Le - ni hop - pel di - pop - pel di pop.

Instrumental

Fine   2. Der

69

1. Der Bauer ist zu träge,
die Katze ist zu klein.
Da tanzt die Leni Cha-Cha-Cha
mit ihrem Lieblingsschwein.
Refrain:
Schwupp diwupp die Leni
hoppel dipoppel di pop.

2. Der Bauer, der sagt gar nix,
das Huhn legt grad ein Ei.
Da macht die Leni Kaffeeklatsch
mit einem Papagei.
Refrain

3. Der Bauer sitzt vorm Kasten,
guckt Fußball und guckt Boxen.
Da spielt die Leni
    Pingpong
mit ihrem Lieblings-
    ochsen.
Refrain

4. Der Bauer hat
    am Abend
sein letztes
    Bier geleert.

Da tanzt die Leni Schuhplattler
mit ihrem Lieblingspferd.
Refrain

5. Der Mond ist aufgegangen.
Die Eule fliegt ums Haus.
Die Leni springt ins Bett hinein,
drum ist das Lied jetzt aus.
Refrain

Lied vom Angst haben

1. Einmal war ich ganz allein
unten im dunklen Keller.
Gleich hat er mich, der schwarze Mann.
Mein Herz schlug immer schneller.
Mein Vater kommt, das Licht geht an.
Schwupp ist er weg, der schwarze Mann.

2. Und ich lief einmal querfeldein
zum Schloß nach Friedelhausen.
Da bellt ein böser Hund im Busch,
daß mir die Ohren sausen.
Der Hund, der kommt zum Busch heraus
und sieht wie Mani Maiwald aus.

3. Da war mal ein Gewittersturm.
Der donnert, blitzt und kracht.

Und ich war ganz allein im Haus.
Das hat mir Angst gemacht.
Dann kam ein Regenbogen.
Die Angst hat sich verzogen.

4. Manchmal hab ich Angst davor,
von meiner Angst zu reden.
Dann sagen sie, daß ich ein Angsthase bin,
und davor fürcht ich mich eben.
Hab einen Freund gefunden,
da ist die Angst verschwunden.

5. Einmal hab ich vom Krieg geträumt:
Die Erde glühte rot.
Dann war sie nur ein Aschenland
und alle Menschen tot.
Die Angst blieb stehn im kalten Rauch.
Mein Vater sprach: Ich hab sie auch.

Lied vom Mutmachen

1. Da war ein Piefke aus Paderborn,
der ließ sich nix gefallen.
Er sagte: Eins und eins ist zwei,
wenn Karin kommt, sind wir schon drei!
　　So machte er
　　auch andern Mut.

2. Ein Mädchen hatte einen Freund,
der wollte nur befehlen.
Sie sagte: Tschüs, mein lieber Klaus,
ich bin nicht deine Aufziehmaus.
　　So machte sie
　　auch andern Mut.

3. Da stand ein Haus in Westberlin,
das war fast am Zerfallen.
Da zogen zwanzig Leute rein
und setzten Fensterscheiben ein.
　　So machten sie
　　auch andern Mut.

4. 'ne junge Frau, die war sehr schön,
die sollte Schlager singen
und sollte wackeln mit dem Po!
Sie sprach: Ihr könnt mich sowieso!
    So machte sie
    auch andern Mut.

5. Da war ein Wald, der sollte weg
für ein Raketenlager.
Die Leute schützten Baum für Baum,
so war es schwer, einen umzuhaun.
    So machten sie
    auch andern Mut!
    Und das war gut!

Lied vom Wecken

Text: F. Vahle
Musik: trad., F. Vahle

Wenn ich zum Markt geh, dann kauf ich dir ein Hähn-chen, und das soll dich je-den Mor-gen wek-ken. Und das Hähn-chen macht: Ki-ke-ri-ki-ki, je-den Mor-gen schon ganz früh.

1. Wenn ich zum Markt geh, dann kauf ich dir
  ein Hähnchen,
und das soll dich jeden Morgen wecken.
Und das Hähnchen macht: Kikerikiki,
  jeden Morgen schon ganz früh.

2. Wenn ich zum Markt geh, dann kauf ich dir
  ein Glöckchen,
und das soll dich jeden Morgen wecken.
Und das Glöckchen macht: Dinnnng, donnnng.
Und das Hähnchen macht: Kikerikiki,
  jeden Morgen schon ganz früh.

75

3. Wenn ich zum Markt geh, dann kauf ich dir
ein' Wecker,
und der soll dich jeden Morgen wecken.
Und der Wecker macht: Drrrrrrn, drrrrrrn.
Und das Glöckchen macht: Dinnnng, donnnng.
Und das Hähnchen macht: Kikerikiki,
jeden Morgen schon ganz früh.

4. Wenn ich zum Markt geh, dann kauf ich dir
'ne Kuckucksuhr,
und die soll dich jeden Morgen wecken.
Und die Kuckucksuhr macht: Kuckuck, kuckuck.
Und der Wecker macht: Drrrrn, drrrrn.
Und das Glöckchen macht: Dinnnng, donnnng.
Und das Hähnchen macht: Kikerikiki,
jeden Morgen schon ganz früh.

5. Wenn ich zum Markt geh, dann kauf ich dir
ein Schäfchen,
und das soll dich jeden Morgen wecken.
Und das Schäfchen macht: Mäh, mäh.
Und die Kuckucksuhr macht: Kuckuck, kuckuck.
Und der Wecker macht: Drrrrn, drrrrn.
Und das Glöckchen macht: Dinnnng, donnnng.
Und das Hähnchen macht: Kikerikiki,
jeden Morgen schon ganz früh.

6. Wenn ich zum Markt geh, dann kauf ich dir ein Radio,
und das soll dich jeden Morgen wecken.
Und das Radio macht: Bla, bla, dulijöh, dulijöh!

Und das Schäfchen macht: Mäh, mäh.
Und die Kuckucksuhr macht: Kuckuck, kuckuck.
Und der Wecker macht: Drrrn, drrrn.
Und das Glöckchen macht: Dinnnng, donnnng.
Und das Hähnchen macht: Kikerikiki,
    jeden Morgen schon ganz früh.

7. Doch, ach herrje, ich hab kein Geld einstecken
und komm vom Markt und muß dich alleine wecken.
Ich mach: Bla, bla, bla, dulijöh, dulijöh!
Ich mach: Mäh, mäh! Ich mach: Kuckuck, kuckuck!
Ich mach: Drrr, drrrrn! Ich mach: Dinnnng, donnnng!
Und am Schluß mach ich: Kikerikiki,
diesen Morgen schon ganz früh.

Lied vom Weihnachtsmann

1. Der Weihnachtsmann sagt: Bitte sehr!
Ich schleppe keine Säcke mehr.
Ich bleibe dieses Jahr im Wald,
und pfeift der Wind auch noch so kalt.
Ja, ja… nee, nee,
in Eis und Schnee.

2. Im Sommer fragen sie mich dumm:
Was streunt der Penner im Wald herum?
Jedoch im Winter sind sie hart,
da brauchen sie einen Mann mit Bart.
Ja, ja… nee, nee,
in Eis und Schnee.

3. Und das Gewühle in der Stadt…
Ich weiß nicht, wer's erfunden hat.
Ich mußte Reklame vor Karstadt stehn
und konnte nicht nach Hause gehn.
Ja, ja… nee, nee,
in Eis und Schnee.

4. Doch wenn ihr Lust habt, dann kommt bald
in meinen Weihnachtswinterwald.
Bringt eine Knoblauchpizza mit,
denn darauf hab ich Appetit.
Ja, ja… nee, nee,
in Eis und Schnee.

5. Wir machen dann im Glitzerschnee
'ne Schlitterbahn quer übern See.
Und wenn ihr heimkommt, sagt ihr dann:
Ein' schönen Gruß vom Weihnachtsmann.
Ja, ja… nee, nee,
in Eis und Schnee.

Das Lied von der kleinen Klasse

1. Früh aufstehn, das ist nicht immer schön,
und dann auch noch in die Schule gehn.
Manchmal hat man da doch ziemlich Angst,
vor so vielem, was passieren kann.
Morgen schreiben wir Diktat,
was ich gar nicht gerne mag,
und ich denk auch gleich daran,
daß ich Rechnen noch nicht kann,
denn der Lehrer kümmert sich
nur um wen'ge, nicht um mich.
Refrain: Mensch, da braucht man doch 'ne kleine Klasse,
wo man auch mal was sagen kann.
Und wo der Lehrer nicht so laut zu schrein braucht,
und einer hilft dem andern dann.

2. Und dann lauf ich in die Schule rein.
Hör die andern schon von oben schrein.
Ach, in unsrer Klasse ist was los.
Der Radau ist wirklich riesengroß.
Peter, der sagt grad zum Fritz,
was der für 'ne Niete ist.
Monika steckt noch und noch
Kaugummi ins Schlüsselloch.
Jens und Pit am Lehrertisch
prügeln sich ganz fürchterlich.
Refrain

3. Plötzlich steht der Lehrer da und spricht:
Hier versteht man sich ja selber nicht.
Marion gähnt, und der Karl-Otto schießt
dem Lehrer 'nen Gummi mitten ins Gesicht.
Und der Lehrer sagt zu sich:
Unterrichten – fürchterlich.
Denn hier rackert man sich ab,
jede Stunde, jeden Tag.
Wenn ich jemand helfen will,
merk ich, das sind viel zuviel.
Refrain

4. Komm ich aus der Schule dann nach Haus
mit 'ner Fünf, was seh ich traurig aus.
Leise schleich ich an den Mittagstisch,
und mein Vater sagt ganz ärgerlich:
Wenn du das so weitertreibst
und am Ende sitzenbleibst,
wirst du später arbeitslos,
ja, was machst du denn dann bloß.
Doch wir merken schon am Schluß,
was man alles ändern muß,
daß ein jeder Schüler dann,
was er braucht auch lernen kann.

Das Lied von der müden Fliege

1. Es war einmal eine müde Fliege,
die war vom vielen Fliegen müde.
Sie legte sich auf den Rücken und dann,
da schnarcht sie los wie dreißig Mann.
So tönte sie mit lautem Schall
bis in das kleine Zillertal.

2. Da träumte die Fliege, sie wäre so
ein klitzekleiner Wasserfloh
und hüpfte unter der Entengrütze
im Teich herum ohne Hemd und Mütze
und wurde dabei so pudelnaß,
daß sie sogleich den Traum vergaß.

3. Da lag die Fliege und war naß,
war von zwei Regentropfen naß.
Sie putzte und sie reckte sich,
verdreht den Kopf und streckte sich
und surrte, was kann schöner sein?,
dem Schmierkäs zu im Sonnenschein.

Lio liola - Lied

1. Ja, Friederich, der Große,
der macht sich in die Hose,
und Friederich, der Kleine,
der macht sie wieder reine,
und Fritzchen, der ganz kleine,
der hängt sie an die Leine
zu Hemden und zu Socken.
Da wird sie wieder trocken.
Refrain:
O lio lio la, alleweil ist einer da,
der will euch was erzählen,
was sagen und was singen.
O lio lio la, alleweil ist einer da,
der will euch was erzählen
von hier bis Afrika.

2. Es war einmal ein Affe,
der liebte 'ne Giraffe.
Der Affe, der saß hoch im Baum.
Sie küßten sich, man glaubt es kaum.
Da rief ein alter Kakadu:
Das gibt's doch nicht, nanu, nanu.
Ja mei, rief da der Papagei,
ist das 'ne schöne Knutscherei.
Refrain

83

3. Es war einmal ein Jippijeh,
das saß am Tschikitschobasee,
da klang es einsam her und hin
und suchte nach dem Cowboy Jim.
Ein Jodler kam vorbeigeweht
und fragte, wo's nach Bayern geht.
Mit dem blieb es zusammen,
wie wunderbar sie klangen.
Refrain

4. Es war einmal ein Mädchen,
das Mädchen, das hieß Gretchen,
das lief zu ihrer Oma hin,
da lag der Wolf im Bettchen drin.
Der sagte: Ach, wie bist du schön!
Doch sie sprach: Ich muß Pipi gehn.
Sie lief hinaus und dann nach Haus,
und damit ist das Märchen aus.
Refrain:
O lio lio la, alleweil war einer da,
der wollt euch was erzählen,
was sagen und was singen.
O lio lio la, alleweil war einer da,
der wollt euch was erzählen
von hier bis Afrika.

Das Märchen von der Unke

1. Das Kind, das saß alleine,
alleine hinterm Haus.
Die Mutter trug ihm einen Topf
mit Milch und Brot hinaus.

2. Und aus der alten Mauer
kroch eine Unke raus.
Sie kroch wohl zu dem Kind hin.
Das Kind saß hinterm Haus.

3. Sie hatte goldne Augen
und war sehr wundersam.
Das Kind, das hatte keine Angst,
als sie herüberkam.

4. Die Unke senkt ihr Köpfchen.
Ihr schmeckt die Milch so gut.
Das Kind, das sitzt dabei und guckt,
was da die Unke tut.

5. Die Unke trank die Milch so gern
und wollte dankbar sein.
Sie schenkte dem Kind aus ihrem Schatz
ein goldnes Krönelein.

6. Doch einmal sagt das Mädchen:
Nimm's Brot auch aus dem Topf,
und stupst sie mit dem Löffel
ganz leicht auf ihren Kopf.

7. Als das die Mutter hörte,
da lief sie schnell hinaus.
Mit wem spricht denn mein Kind da,
alleine hinterm Haus!

8. Die Unke saß beim Kinde,
aß mit ihm Milch und Brot.
Die Mutter nahm ein Holzscheit
und schlug die Unke tot.

9. Das Kind, das saß alleine,
alleine hinterm Haus.
Die Mutter trug ihm einen Topf
mit Milch und Brot hinaus.

10. Das Kind hat noch gewartet,
wo wohl die Unke war,
ist nicht mehr froh geworden,
starb noch im selben Jahr.

Meine Oma fährt im Hühnerstall Motorrad

Text: trad.
Musik: trad.

Mei - ne O - ma fährt im Hüh - ner - stall Mo -

tor - rad, Mo - tor - rad, Mo - tor - rad, mei - ne

O - ma fährt im Hüh - ner - stall Mo - tor - rad, mei - ne

O - ma ist 'ne ganz pa - ten - te Frau.

1. Meine Oma fährt im Hühnerstall Motorrad,
   Motorrad, Motorrad,
meine Oma fährt im Hühnerstall Motorrad,
meine Oma ist 'ne ganz patente Frau.

2. Meine Oma lernt im Suppenteller schwimmen,
   ja schwimmen, ja schwimmen,
meine Oma lernt im Suppenteller schwimmen,
und der Opa fährt im Schlauchboot hinterher.

3. Meine Oma fährt im Panzer zum Finanzamt...

87

4. Meine Oma hat im Backenzahn ein Radio…

5. Meine Oma bäckt im Kühlschrank eine Torte…

6. Meine Oma hat 'nen Schlüsselbund mit Kompaß…

7. Meine Oma hat 'nen Nachttopf mit Beleuchtung…

8. Meine Oma hat 'nen Löffel mit Propeller…

9. Meine Oma hat 'ne Teekanne mit Schutzblech…

10. Meine Oma hat 'ne Glatze mit Geländer…

11. Meine Oma hat 'nen Petticoat aus Wellblech…

12. Meine Oma hat 'nen Goldfisch, der raucht Pfeife…

13. Meine Oma hat 'nen Sturzhelm mit Antenne…

14. Meine Oma hat 'nen Papagei mit Blue jeans…

15. Meine Oma hat im Strumpfband 'nen Revolver…

16. Meine Oma hat Klosettpapier mit Blümchen…

17. Meine Oma hat 'nen Bandwurm, der gibt Pfötchen…

18. Meine Oma hat 'ne Brille mit Gardinen…

19. Meine Oma hat 'n Waschbecken mit Sprungbrett…

20. Meine Oma hat 'nen Krückstock mit 'nem Rücklicht…

21. Meine Oma hat 'nen Kochtopf mit 'nem Lenkrad…

22. Meine Oma hat 'nen Dackel, der trägt Höschen…

23. Meine Oma guckt die Tagesschau mit 'm Fernrohr…

24. Meine Oma springt auf Stelzen in die Disco…

25. Meine Oma…

26. Meine Oma…

27. Meine Oma…

Der Müll^{mann}

1. Hinten auf dem Müllauto
steht der Mustafa.
Wenn der Müll zuviel wird,
ist er pünktlich da.
Schnappt die Tonne mit dem Müll.
Hoch damit, hauruck,
wird vom Autohinterteil
all der Müll verschluckt.

2. Gleich hinter der Mülltonne
steht ein Bungalow.
Darin wohnt der Ober-,
Überamtmann Stroh.
Mustafa ruft: Vorsicht, Mann,
bitte, Herr, beiseit!
Worauf Oberamtmann Stroh
„Kümmeltürke" schreit.

3. Aber eines Tages
kam die Müllabfuhr
gar nicht wie gewöhnlich.
Was war denn da nur?
Ja, die machten einen Streik
für gerechten Lohn.
Und das merkte Amtmann Stroh
nach paar Tagen schon.

4. Ach, der Müll wird immer mehr,
sagte Amtmann Stroh.
Und ich komm nicht raus
aus meinem Bungalow.
Kommt die Müllabfuhr noch mal,
ach herrjemine,
trink ich mit dem Mustafa
eine Tasse Tee.

Omnibus_{lied}

1. Wir fahrn heut fort mit 'm Omnibus.
Wir fahrn heut fort mit 'm Omnibus.
Wir fahrn heut fort mit 'm Omnibus.
Wir fahrn heut alle fort.

2. Der Fahrer kommt: Guten Tag, Herr Schulz!
Der Fahrer kommt: Grüß Gott, Herr Schulz!
Der Fahrer kommt: Wie geht's, Herr Schulz!
Wir fahrn heut alle fort.

3. Den Motor an: Brrrm, Brrrm.
Den Motor an: Brrrm, Brrrm.
Den Motor an: Brrrm, Brrrm.
Wir fahrn heut alle fort.

4. Die Hupe geht: Düüt, Düüt.
Die Hupe geht: Düüt, Düüt.

Die Hupe geht: Düüt, Düüt.
Wir fahrn heut alle fort.

5. Jetzt fahrn wir immer schneller.
Jetzt fahrn wir immer schneller.
Jetzt fahrn wir immer schneller.
Wir fahrn heut alle fort.

6. Brrrm, Brrrm, Brrrm, Brrrm.
Brrrm, Brrrm, Brrrm, Brrrm.
Brrrm, Brrrm, Brrrm, Brrrm.
Wir fahrn heut alle fort.

7. Der Fahrer ruft: Der Kühler kocht!
Der Fahrer ruft: Der Kühler kocht!
Der Fahrer ruft: Der Kühler kocht!
Wir fahren viel zu schnell.

*Aus dem schnellen Tempo allmählich
in ein langsames übergehen:*

Dann fahrn wir eben langsamer.
Dann fahrn wir eben langsamer.
Dann fahrn wir eben langsamer.
Und halten endlich an.

Der Heini ruft: Pinkelpause!
Der Heini ruft: Pinkelpause!
Der Heini ruft: Pinkelpause!
Wir steigen aus dem Bus.

Paule Puhmanns Paddelboot

1. In Paule Puhmanns Paddelboot,
da paddeln wir auf See.
Wir paddeln um die halbe Welt.
Alohahohahee!
Guten Tag! Auf Wiedersehn!
Guten Tag! Auf Wiedersehn!
Guten Tag! Auf Wiedersehn!
Guten Tag! Auf Wiedersehn!

2. In Portugal, da winkte uns
die Anabela zu.
Die fragte: Darf ich mit euch mit?
Na klar, was denkst denn du!
Bom dia! Adeus!

93

Guten Tag! Auf Wiedersehn!
Bom dia! Adeus!
Guten Tag! Auf Wiedersehn!

3. In Spanien war es furchtbar heiß,
da stieg der Pedro zu.
Der brachte Apfelsinen mit,
die aßen wir im Nu.
Buenas dias! Hasta la vista!
Guten Tag! Auf Wiedersehn!
Buenas dias! Hasta la vista!
GutenTag! Auf Wiedersehn!

4. Und in Italien warn wir auch,
da kam die Marinella.
Die brachte Tintenfische mit
auf einem großen Teller.
Buon giorno! Arrivederci!
Guten Tag! Auf Wiedersehn!
Buon giorno! Arrivederci!
Guten Tag! Auf Wiedersehn!

5. Als wir in Jugoslawien warn,
kam einer angeschwommen,
und der hieß Janko Jezovšek.
Wir ham ihn mitgenommen.
Dobar dan! Dovi dschenja!
Guten Tag! Auf Wiedersehn!
Dobar dan! Dovi dschenja!
Guten Tag! Auf Wiedersehn!

6. Und rund um den Olivenbaum,
da tanzten wir im Sand.
Wir nahmen den Wasili mit,
das war in Griechenland.
Kalimera! Jassu, jassu!
Guten Tag! Auf Wiedersehn!
Kalimera! Jassu, jassu!
Guten Tag! Auf Wiedersehn!

7. Dann fuhrn wir weiter übers Meer
bis hin in die Türkei.
Von da an warn auch Ahmet und
die Ayşe mit dabei.
Merhaba! Güle, güle!
Guten Tag! Auf Wiedersehn!
Merhaba! Güle, güle!
Guten Tag! Auf Wiedersehn!

8. Und als wir dann nach Hamburg kamen,
stand Paule Puhmann da
und rief: Verflixt und zugenäht!
Mein Paddelboot ist da!
Guten Tag! Auf Wiedersehn!
Bom dia! Adeus!
Buenas dias! Hasta la vista!
Buon giorno! Arrivederci!
Dobar dan! Dovi dschenja!
Kalimera! Jassu, jassu!
Merhaba! Güle, güle…

Pinguin-Lied

Text: F. Vahle
Musik: F. Vahle

Ein klei-ner Pin - guin steht ein - sam auf dem Eis.

Pitsch, patsch Pin - guin, jetzt läuft er schon im Kreis.

Pitsch, patsch Pin - guin, jetzt läuft er schon im Kreis.

Gitarre

1. Ein kleiner Pinguin
steht einsam auf dem Eis.
Pitsch, patsch Pinguin,
jetzt läuft er schon im Kreis.

2. Und der Nordwind weht
übers weite Meer.
Pitsch, patsch Pinguin,
da friert er aber sehr.

3. Und er sucht sich einen
andern Pinguin.
Pitsch, patsch Pinguin,
sie kitzeln sich am Kinn.

4. Zwei kleine Pinguine
laufen übers Eis.
Pitsch, patsch Pinguin,
sie watscheln schon im Kreis.

5. Und der Nordwind weht
übers weite Meer.
Pitsch, patsch Pinguin,
da friern sie aber sehr.

6. Und jeder sucht sich einen
andern Pinguin.
Pitsch, patsch Pinguin,
sie kitzeln sich am Kinn.

7. Vier kleine Pinguine
laufen übers Eis.
Pitsch, patsch Pinguin,
sie watscheln schon im Kreis.

8. Und der Nordwind weht
übers weite Meer.
Pitsch, patsch Pinguin,
da friern sie aber sehr.

9. Horch, wer brummt denn da,
das muß ein Eisbär sein,
und sie ducken sich
und machen sich ganz klein.

10. Und der Eisbär tappt
schon heran, o Schreck.
Pitsch, patsch Pinguin,
da watscheln alle weg.

Die Postfrau

1. Da kommt unsre Postfrau in ihrer blauen Jacke.
Eine schwere Tasche hängt vor ihrem Bauch.
Heute hat sie Glück, denn es ist warm und sonnig,
doch wenn's bitterkalt ist, kommt sie auch.

2. Bringt uns Post von Tante Luzi aus Cuxhaven,
und dem Nachbarn Heinrich bringt sie ein Paket.
Und dann muß sie noch die ganze Straße
    rauf und runter,
als sie in die Post kommt, ist's schon spät.

3. Protzelkopp, der Amtmann, der schimpft gleich
    die Frau an:
Typisch so 'ne Trödelliesel von der Post.
Doch die Postfrau wehrt sich: 'ne Frau
    macht ihre Arbeit
genauso gut und pünktlich wie ein Mann.

99

4. Protzelkopp, der denkt sich: Ich glaub,
   mein Holzbein humpelt!
Die haut auf·den Putz hier und ist nur 'ne Frau.
Sehn se, sagt die Postfrau, ich laß mich nicht
   zur dummen,
zur dummen Liese machen. So geht's nicht!

5. Und da sitzt der Amtmann,
   und der guckt die Frau an,
die sagt, daß man schon zusammen schaffen kann.
Ein Mann ist nicht was Bessres, sondern ein Kollege,
dem 'ne Frau auch mal was sagen kann.

6. Da kommt unsre Postfrau in ihrer blauen Jacke.
Eine schwere Tasche hängt vor ihrem Bauch.
Heute hat sie Glück, denn es ist warm und sonnig,
doch wenn's bitterkalt ist, kommt sie auch.

Pu Pam und Pam Pu

Text: F. Vahle
Musik: F. Vahle

Es war ein - mal ein Mann, der hieß Pu Pam. Pu Pam hieß er, ei - nen Pup ließ er. Da kam die Polizei und nahm ihn mit, au - wei! Merke: Den er - sten schmis - sen sie ins Loch. Der zwei - te, der stinkt heu - te noch.

1. Es war einmal ein Mann,
der hieß Pu Pam.
Pu Pam hieß er,
einen Pup ließ er.
Da kam die Polizei
und nahm ihn mit, auwei!

2. Der Richter sprach: Der Bösewicht
verstänkre unsre Umwelt nicht.
Er kommt jetzt rein ins finstre Loch,
sonst stinkt der Kerl auch morgen noch.
Wenn's alle machten, so wie er,
gäb's bald kein frisches Lüftchen mehr.
Denn vor des Magens Eigennutz
kommt allemal der Umweltschutz!

3. Es war einmal ein Mann,
der hieß Pam Pu.
Der machte sein ganzes Leben lang Schmu.
Er hatte 'ne große Fabrik vor der Stadt
und hinter seiner Villa ein Luxusbad.
Doch die Abwässer von seiner Fabrik,
die flossen stinkend zum Fluß zurück.

4. Dem Bürgermeister war das nicht geheuer,
doch dachte er an die vielen Steuern,
die die Fabrik der Gemeinde brachte,
Pam Pu saß in seiner Villa und lachte
und sagte: So schnell mach ich keinen Stuß.
Mein Geld, das stinkt nicht,
allerhöchstens der Fluß.

Merke:
Den ersten schmissen sie ins Loch.
Der zweite, der stinkt heute noch.

Der Rabe

1. Die Welt ist weiß, von Schnee so weiß,
und auf dem See das Eis knarrt leis.
Nur einer steht da nah am Eis,
der manches etwas besser weiß.

2. Die Welt ist weiß, nur ich bin's nicht!
Der Rabe schreit's ins Abendlicht.
Die Welt ist weiß, doch was bin ich?
Kohlrabenschwarz auf ewiglich.

3. Dann zog er seine Schlittschuh an.
Stand auf und reckte sich und dann...
Dann lief er heim ganz ohne Schnaufen,
grad so wie Raben Schlittschuh laufen.

Das Racke^{dicke}ducke-Lied

1. In einer bitterkalten Nacht,
da hat sich der Nikolaus Feuer gemacht.
Und ringsum war alles so still und so stumm,
da hat er sich was in den Bart gebrummt:
Mmmh, mmh, mmmh…

2. Das hörte der Bär, tief unten im Tann.
Er schüttelt den Pelz und trottet heran.
Und dann kam ein alter Waldarbeiter,
der wärmt seinen Hintern und wollte schon weiter.
Racke dicke ducke dicke, dacke dick das:
Im Winterwald, da tut sich was.

3. Und da sprach der Dachs: Was 'n das für 'n Krach?
Da wird man ja mitten im Winter wach.
Er schlurfte auf allen vieren heran
und hockt sich ans Feuer und schon fing er an:
Racke dicke ducke dicke…

Das Rätseltier

Text: F. Vahle
Musik: J. Kaboth

Wie 'n O - fen - rohr lang trägt die
Na - se den Stamm. Sein Ohr hält nie
still, hört nur, was es will.

1. Wie 'n Ofenrohr lang
trägt die Nase den Stamm.
Sein Ohr hält nie still,
hört nur, was es will.

2. Als ob's gar nichts wär,
trinkt's Eimer ganz leer.
Schiebt Heu in sein Maul.
Frißt mehr wie ein Gaul.

105

3. Kann Baumstämme knacken,
trägt Männer im Nacken.
Zwei Zähne so lang.
Davor wird mir's bang.

4. Ist grau wie die Maus.
Der Urwald sein Haus.
Noch klein und schon groß,
wenn's läuft, trampelt's los.

5. Trompetet famos.
Seine Nase ist groß.
Hat kein Instrument.
Wer's jetzt noch nicht kennt…

Das Rentier

1. Der Weihnachtsmann ist noch nicht wach,
er schnarcht ganz friedlich in den Tag.
Doch da schrillt der Wecker, und da schreit die Kuh,
und die Rentiere scharren und schnaufen dazu.
Refrain: Rataplam, rataplam, rataplam, plong, pling,
ding, dong, ding, dong, dingelingeling.

2. Der Weihnachtsmann springt aus dem Bett,
weil er um ein Haar verschlafen hätt.
Er läuft in die Küche und nimmt einen Schluck
von dem wunderbar duftenden Muckefuck. *Refrain*

3. Er ruft seine Rentiere. Schnell muß er weg.
Nur eins, das rührte sich gar nicht vom Fleck.
Er brummte: Nun mach schon. Die Kinder, die warten,
die kriegen doch Spielzeug von allen Arten. *Refrain*

4. Da guckte das Rentier grad so in die Welt,
als ob ihm darin überhaupt nichts gefällt.
Der Weihnachtsmann schimpfte: Verstehst du mich nicht?
Da sprach es ganz leise: Und was kriege ich?...
Refrain

107

Ritter Klipp von Klapperbach

1. Es war einmal ein Ritter,
Herr Klipp von Klapperbach,
der machte, wo er hinkam,
stets einen Riesenkrach.
Er hatte eine Rüstung
aus Eisen und aus Blech,
die klapperte so laut,
da liefen alle weg.
Refrain:
Klapper, klapper, rumpelpum,
klapper, klapper, rumpelpum.

2. Und seine Frau Mathilde,
die hatte keine Ruh,
denn um die Burg, da klappert's,
da klappert's immerzu.
Sie rief: Klipp, komm zum Essen,
heut gibt es Speck mit Kraut,
doch Klipp hat nichts verstanden,
er klapperte zu laut.
Refrain

3. Dann ritt Herr Klipp zum Kampfe
und klappert fürchterlich
und haute klappernd um sich,
der arge Wüterich.
Da traf ihn eine Lanze
mit einem Riesenkrach.
Er klapperte noch leise,
als er am Boden lag.
Refrain

4. Zum Teufel mit der Rüstung!
Das ist doch alles Blech!
So rief der Klapperbach
und warf sie einfach weg.
Dann humpelt er nach Hause
und wurd ein Müllersmann
und hört sich abends friedlich
das Mühlradklappern an.
Refrain

Die Rübe

Text: F. Vahle
Musik: F. Vahle

1. In 'ner Ecke vom Garten hat der Paule sein Beet,
und da hat er sich dieses Jahr Rüben gesät.
Und da, wo sonst Bohnen die Stangen hochklettern,
wächst jetzt eine Rübe mit riesigen Blättern.

2. Paul staunt, und er sagt sich: Ei, wenn ich nur wüßt,
wie groß und wie schwer diese Rübe wohl ist.
Schon krempelt er eilig die Ärmel hoch,
packt die Rübe beim Schopf und zog und zog.

3. Doch die Rübe, die rührt sich kein bißchen vom Fleck,
Paul zieht, und Paul schwitzt, doch er kriegt sie nicht weg.
Da ruft der Paul seinen Freund, den Fritz,
und der kommt auch gleich um die Ecke geflitzt.

Refrain:
Hauruck! zieht der Paul, und Hauruck! zieht der Fritz.
Alle Mann, nix wie ran, ganz egal, ob man schwitzt.
Die Rübe ist dick, und die Rübe ist schwer,
wenn die dicke schwere Rübe doch schon
    rausgezogen wär!

4. Jetzt ziehn sie zu zweit mit Hallo und Hauruck,
doch die Rübe bleibt drin, sie bewegt sich kein Stück.
Und Fritz, der läuft los, holt vom Nachbarn den Klaus,
zu dritt kommt die Rübe ganz sicher heraus.

5. Herrje, was 'ne Rübe, ja da staunt auch der Klaus.
Jetzt ziehn wir ganz fest, und dann kommt sie schon raus.
Doch die Rübe, die saß drin, und da sagte der Klaus:
Ich hol meine Schwester, die ist grad zu Haus.
Refrain

6. Jetzt ziehn sie zu viert, doch die Rübe bleibt drin.
Der Fritz meint schon traurig: 's hat doch keinen Sinn.
Ganz plötzlich ruft Paul: Hier, ich hab 'ne Idee,
wie wär's, wenn wir mal zum Antonio gehn?

7. Doch da meint der Klaus:
     So was hilft uns nicht weiter.
Da sind doch alles Kinder von so Gastarbeitern.
Mein Vater sagt immer, die verschwänden viel besser.
Und außerdem sind das Spaghettifresser!

8. Das ärgert den Paul, was der Klaus da so spricht.
Der Antonio ist kräftig, und dumm ist er nicht.
Und außerdem, Klaus, hast du eins wohl vergessen,
du hast dich an Spaghetti neulich fast überfressen.

9. Wir brauchen Antonio und auch seine Brüder.
Klaus' Schwester versteht's,
     und sie läuft schnell hinüber,
hat alle geholt, und gemeinsam ging's ran.
Alle Kinder zusammen, die packten jetzt an.
Refrain

10. Den Antonio zieht der Carlo
     mit Hallo und Hauruck!
Und sieh da, die dicke Rübe, die bewegt sich ein Stück.
Und jetzt noch mal Hauruck, und die Erde bricht auf,
die Rübe kommt raus und liegt groß obendrauf.

11. Die Kinder, die purzeln jetzt all durcheinander,
doch freut sich ein jeder nun über den andern.

Sie sehn, wenn man so was gemeinsam anpackt,
wird die allerdickste Rübe aus der Erde geschafft.

Schlaflied

1. Schlaf, mein Kind, schlaf ein,
der Abendsonnenschein
ist schon vorbei, und Schnee, der fällt,
und Wind weht um die ganze Welt.
Hat keine Heimat, so wie du.
Drum schlaf und mach die Augen zu.
Schlaf, mein Kind, schlaf ein…

2. Schlaf, mein Kind, schlaf leis,
die Welt ist kalt wie Eis.
Es steht ein Baum im weiten Feld,
der träumt von einer andern Welt,
der träumt von hellem Sonnenschein
und träumt, es wird bald Frühling sein.
Schlaf, mein Kind, schlaf leis…

113

3. Schlaf, mein Kind, schlaf sacht
durch diese lange Nacht,
die dunkel ist, doch in der Fern,
da leuchtet schon der Morgenstern.
Die Welt wird bald so hell und schön,
und du bist da, sie anzusehn.
Schlaf, mein Kind, schlaf sacht,
schlaf, bis der Tag erwacht.

Schlaflied für Anne

Text: F. Vahle
Musik: trad., F. Vahle

Schlaf, An - ne, schlaf nur ein, bald kommt die
Nacht. Hat sich aus Wol - ken Pan -
tof - feln ge - macht. Kommt von den
Ber - gen, kommt von ganz weit.

1. Schlaf, Anne, schlaf nur ein,
bald kommt die Nacht.
Hat sich aus Wolken Pantoffeln gemacht.
Kommt aus den Bergen, kommt von ganz weit.
Schlafe, Anne, schlaf nur ein.
's ist Schlafenszeit.

2. Schlaf, Anne, schlaf nur ein,
bald kommt der Mond,
der draußen hinter den Birnbäumen wohnt,
einer davon kitzelt ihn sanft am Kinn.
Lächelt der Mond
und zieht leise dahin.

3. Schlaf, Anne, schlaf nur ein,
bald kommt ein Traum.
Schlupft dir zum Ohr hinein,
merkst ihn erst kaum,
fährst auf dem Traumschiff
ans Ende der Nacht,
bis dir der Morgen die Augen aufmacht.

115

Das schnelle Lied

1. Früh am Morgen weht ein Wind,
so ein kleiner, frecher Wind,
früh am Morgen weht ein Wind
lang an unserm Fenster.
Refrain: Sinn, sinn, sinn, sinn,
guck doch mal, wie schnell ich bin!

2. Früh am Morgen – Ferdinand
kommt aus seinem Haus gerannt
und springt in sein großes rotes,
schnelles Superauto.
Refrain: Brrm, brrm, brrm, brrm,
guck doch mal, wie schnell ich bin!

3. Früh am Morgen – Emma Nolte,
die Kartoffeln holen wollte,
tuckert mit dem Traktor los,
mit dem starken Traktor.
Refrain: Butt, butt, butt, butt, butt, butt, bum,
guck doch mal, wie stark ich bin!

4. Ferdinand kommt angebrummt
und fährt fast den Traktor um
und schimpft noch die Emma aus:
Ach du lahme Ente!
Refrain: Brrm, brrm, brrm, brrm,
guck doch mal, wie schnell ich bin!

5. Plötzlich ruft er: Ach du Scheiß,
auf der Straße ist ja Eis!
Und schon rutscht der Ferdinand
in den Straßengraben.
Refrain:
Sinn, sinn, sinn, sinn,
auweiowei, wie schnell ich bin!

6. Da kam grade Emma Nolte,
die Kartoffeln holen wollte.
Und sie sah den Ferdinand
drin im Straßengraben.
Refrain:
Brrm, brrm brrm, brrm,
der sitzt in der Patsche drin.

7. Und die Emma hängte dann
das Auto an den Traktor dran:
Ferdinand, schau, was ich kann
mit meiner lahmen Ente.
Refrain:
Butt, butt, butt, butt, butt, butt, bum,
guck doch mal, wie stark ich bin!

8. Und der kleine Wind, der lacht:
Das hat Emma gut gemacht!
Und weht weiter übers Land
bis nach Friedelhausen.
Refrain:
Sinn, sinn, sinn, sinn,
guck doch mal, wie schnell ich bin.

Schweinelied

Text: trad., F. Vahle
Musik: trad.

Da war ei - ne Sau, ei - ne ganz lie - be Sau, und zehn ro - sa Fer-kel hat sie. Und die Al - te mach - te nur: Chrrum, Chrrum, Chrrum und die Fer - kel: Wie - wie - wie.

1. Da war eine Sau, eine ganz liebe Sau,
und zehn rosa Ferkel hat sie.
Und die Alte machte nur: Chrrum, Chrrum, Chrrum
und die Ferkel: Wiewiewie.

2. Und eins war dabei, dem gefiel das nicht,
den ganzen Tag nur Gequiek.
Wann machen wir endlich mal: Chrrum, Chrrum,
    Chrrum,
nicht immer nur: Wiewiewie.

3. Da übten sie alle das Chrrum, Chrrum, Chrrum,
und was war nach einem Vierteljahr?
Da konnten sie alle das Chrrum, Chrrum, Chrrum
ganz wunderwunderbar.

4. Der Bauer kratzte sich am Kopp,
verflixtes Borstenvieh.
Jetzt machen die Ferkel schon Chrrum, Chrrum,
    Chrrum,
wo bleibt nur das Wiewiewie?

5. Doch als der Metzger Meier kam,
da riefen die Schweine: O weh,
was nützt uns jetzt dieses Chrrum, Chrrum, Chrrum?
Wie schön war das Wiewiewie!

Der Spatz

1. Der kleinste Spatz im Spatzennest, der machte
ein Geschrei,
bis die Spatzenmutter kam und brachte Futter herbei,
und kaum hat er Federn, guckt er aus dem Spatzennest heraus,
und er flattert eines Tages in die weite Welt hinaus.
Refrain:
Und da guckt er ganz schief, der kleine Spatz,
und da sagt er: Hier ist für 'n Spatz kein Platz.
Doch ich bin ein fingerlanger, flinker Flügelflattermann,
und ich guck mir erst mal alles, was es gibt, so richtig an.

2. Doch dann merkt er, daß er nicht so einfach höher
fliegen kann,
und er flattert schräg nach unten. Gegen eine große
Wand
wäre er da fast geflogen, doch der Spatz hat noch mal
Glück,
denn er flattert schräg nach unten und grad auf
Baumanns Mittagstisch.

3. Und die kleine Billa Baumann ruft: Ein Vogel, was
ein Glück,
wie der dasitzt und ganz friedlich an den
Frikadellen pickt.
Doch der Vater sagt: Ein Spatz gehört nicht auf den
Mittagstisch.

Jetzt hat er auch noch geschissen. Bringt den
    Dreckfink ins Gebüsch!
Refrain:
Und da guckt er ganz schief, der kleine Spatz,
und da sagt er: Hier ist für 'n Spatz kein Platz.
Doch ich bin ein fingerlanger, flinker Flügelflattermann,
und ich guck mir erst mal alles, was es gibt, so richtig an.

4. Und er flattert auf den Hof in eine schöne große
    Pfütze,
wo die andern Spatzen sitzen, sich mit Pfützenwasser
    spritzen.
Zu dem Spatz, der abseits sitzt, da ruft er: Kumpel,
    komm doch auch,
denn hier kannste prima baden und hier kühlste
    deinen Bauch.

5. Doch der andre guckt ganz stolz, plustert sich auf
    und sagt ihm dann:
Ich bin kein Spatz, ich bin ein Sperling, pöbeln Sie
    mich hier nicht an!
Denn an diesem öden Ort mach ich nur Rast und
    fliege dann
zu der Abfalltonne vor 'nem Feineleuterestaurant.

6. Aber Sie sind doch ein Dreckspatz! Gucken Sie
    sich doch mal an!
Und der Spatz guckt in die Pfütze, sieht sich wie im
    Spiegel dann,

und so hat der Spatz zum ersten Mal sich selber an-
gesehn,
rief: Ick finde mir, ick finde mir, ick finde mir janz schön!
Refrain:
Und dann guckt er ganz schief, der kleine Spatz,
und dann sagt er: Bei so'm Sperling ist für 'n Spatz
kein Platz...

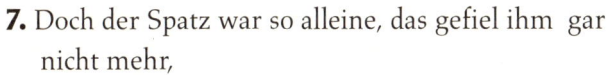

7. Doch der Spatz war so alleine, das gefiel ihm gar
nicht mehr,
da traf er drei andere Spatzen, die warn neugierig wie er,
und sie flogen zum Holunderbusch und hielten da
gleich Rat,
und der Spatz erzählte alles, was er schon gesehen hat!

8. Papa Baumanns Frikadellen, ei, die schmecken ja
so gut,
nur wenn man sich da was abpickt, kriegt man gleich
eins auf den Hut.
Doch die kleine Billa Baumann, ach, die hab ich
wirklich lieb,
aber schade, daß sie immer gleich so viele Schimpfe
kriegt.

9. Er erzählt auch, wie Herr Sperling denkt, daß er
was Bessres ist,

weil er seine Spatzenmahlzeit ganz besonders
    vornehm frißt.
Und da lachten alle Spatzen und wackelten mit
    ihren Schwänzen,
und das wurde eine der allerschönsten
    Spatzenkonferenzen.
Refrain:
Und da guckt er ganz froh, der kleine Spatz,
und dann sagt er: Hier ist für 'n Spatz noch Platz!
Doch wir gucken uns zusammen noch ganz viele
    Sachen an,
sprach der kleine, fingerlange, flinke Flügelflattermann.

Die Tante

1. Ich kannte 'ne Tante, die saß auf 'em Klo,
die saß auf 'em Klo und verschluckte 'nen Floh,
doch ich weiß nicht wieso.

2. Ich kannte 'ne Tante, die verschluckte 'ne Spinne,
wie schrecklich, doch sie verschluckte die Spinne.
Sie sagte: Die Spinne, die fängt den Floh.
Denn der kitzelt mich so, denn der kitzelt mich so,

der kleine Floh.

3. Ich kannte 'ne Tante, die verschluckte 'nen Spatz.
Es war eine Hatz, doch sie schluckte den Spatz.
Sie sagte: Der Spatz, der fängt die Spinne.
Sie sagte: Die Spinne, die fängt den Floh.
Denn der kitzelt mich so, denn der kitzelt mich so,
der kleine Floh.

4. Ich kannte 'ne Tante, die verschluckte 'ne Katze,
vom Kopf bis zur Tatze verschwand da die Katze.
Sie sagte: Die Katze, die fängt den Spatz.
Sie sagte: Der Spatz, der fängt die Spinne.
Sie sagte: Die Spinne, die fängt den Floh.
Denn der kitzelt mich so, denn der kitzelt mich so,
der kleine Floh.

5. Ich kannte 'ne Tante, die verschluckte 'nen Hund.
Sie öffnet den Mund, und weg war der Hund.
Sie sagte: Der Hund, der fängt die Katze.
Sie sagte: Die Katze, die fängt den Spatz.
Sie sagte: Der Spatz, der fängt die Spinne.
Sie sagte: Die Spinne, die fängt den Floh.
Denn der kitzelt mich so, denn der kitzelt mich so,
der kleine Floh.

6. Ich kannte 'ne Tante, die verschluckte 'ne Kuh,
ihr glaubt, das ist Schmu, doch sie schluckte die Kuh.
Sie sagte: Die Kuh, die fängt den Hund.
Sie sagte: Der Hund, der fängt die Katze.
Sie sagte: Die Katze, die fängt den Spatz.
Sie sagte: Der Spatz, der fängt die Spinne.
Sie sagte: Die Spinne, die fängt den Floh.
Denn der kitzelt mich so, denn der kitzelt mich so,
der kleine Floh.

7. Doch dann hatte die Tante im Bauch so 'n Druck,
und sie hat alle Tiere wieder ausgespuckt.
Und da stand die Kuh und sagte: Muh!
und Katze und Hund, die warn gesund,
und Spatz und Spinne, die warn wieder froh.
Nur einer fehlte: der kleine Floh.

Tante Gerda

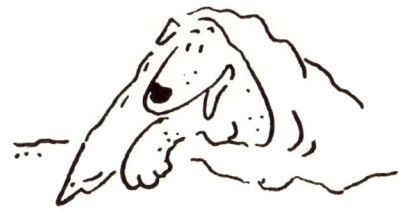

Text: F. Vahle
Musik: F. Vahle

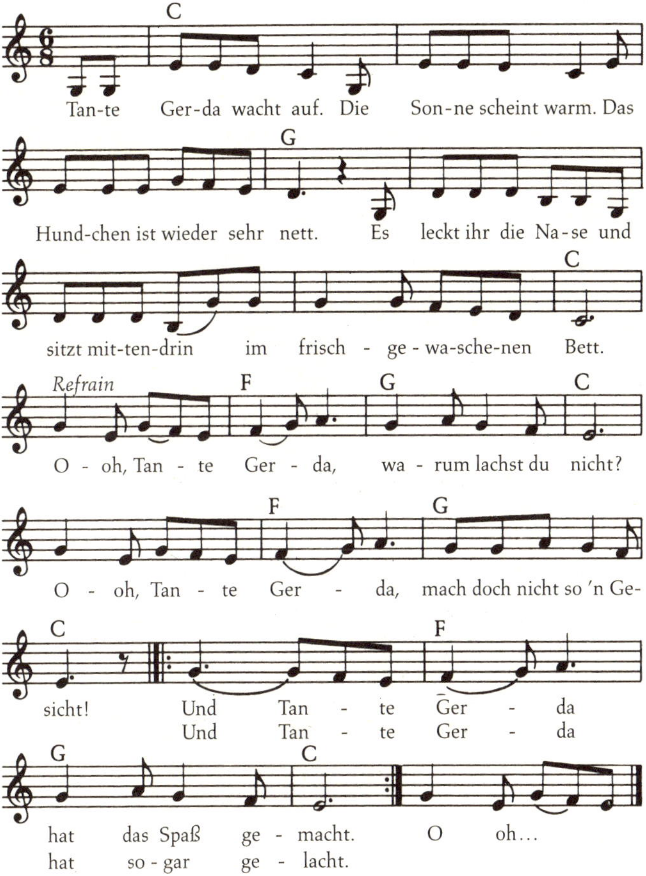
C
Tan-te Ger-da wacht auf. Die Son-ne scheint warm. Das
G
Hund-chen ist wieder sehr nett. Es leckt ihr die Na-se und
C
sitzt mit-ten-drin im frisch - ge - wa-sche-nen Bett.
Refrain
F G C
O - oh, Tan - te Ger - da, wa - rum lachst du nicht?
F G
O - oh, Tan - te Ger - da, mach doch nicht so 'n Ge-
C F
sicht! Und Tan - te Ger - da
Und Tan - te Ger - da
G C
hat das Spaß ge - macht. O oh…
hat so - gar ge - lacht.

1. Tante Gerda wacht auf. Die Sonne scheint warm.
Das Hundchen ist wieder sehr nett…
Es leckt ihr die Nase und sitzt mittendrin
im frischgewaschenen Bett.
Refrain:
Oh, Tante Gerda, warum lachst du nicht?
Oh, Tante Gerda, mach doch nicht so 'n Gesicht!

2. Ihr Neffe Giovanni, der kommt aus Italien
und hat ihr schon Kaffee gemacht…
Die Tante schaut schief… Wie kommt's, daß der Kerl
schon so früh am Morgen lacht?
Refrain

3. Giovanni läuft los, kauft einen Pullover,
sehr warm, sehr kariert und giftgrün.
Der ist so schön lang, und der reicht Tante Gerda
vom Kinn bis zu den Knien.
Refrain

4. Dann kocht er Spaghetti, und Gerda, die kommt
sehr hungrig und froh an den Tisch…
Verdammte Spaghetti, wann hab ich euch nur
mit meiner Gabel erwischt?
Refrain

5. Giovanni, der sagt: Ich schaffe es nicht,
daß meine Tante mal lacht.
Und das hat Giovanni, der immer was weiß,
so ganz ganz traurig gemacht.
Refrain: (gesummt)

6.. Dann singt er ein Lied aus lauter Verzweiflung
und möchte niemand mehr sehn… (lalalalala)
Doch da steckt die Tante den Kopf durch die Tür:
Wer singt denn hier so schön?
Refrain:
Und Tante Gerda hat das Spaß gemacht.
Und Tante Gerda hat sogar gelacht.
Oh, Tante Gerda, endlich freuste dich!
Oh, Tante Gerda, wie schön ist dein Gesicht!
Oh, Tante Gerda, endlich freuste dich!
Oh, Tante Gerda, wie schön ist dein Gesicht!

Tanz_{lied} *(aus Südamerika)*

Hatziki, Zatziki, Baklava,
Bockwurst, Bierbauch, Cha-Cha-Cha,
Güsümler, Tüsümler, Tumulum,
gleich geht's hier im Kreis herum.

Hatziki, Zatziki, Cha-Cha-Cha,
eijei, jei, jei, jei,
wer tanzt denn da?
Güsümler, Tüsümler, Baklava,
ujui, jui, jui, jui,
wer singt denn da?

Kukuri kukuh
Kukuri kurikuh
Kukuri kukuh
Kukuri kurikuh.
Kuku Rikukuh Rikukuh
Kukuri Kurikuri.
Rikuku Rikuku
Kukuri Kurikuri.

Tier

Text: A. Agthe
Musik: trad.

verse

Der Ha - se, der Ha - se, der
hat 'ne gro - ße Na - se.
Schrumm, schrumm, schrumm.

1. Der Hase, der Hase,
der hat 'ne große Nase.
Refrain:
Schrumm, schrumm, schrumm.

2. Die Grille, die Grille,
die baut sich eine Zwille.
Refrain

3. Der Engerling, der Engerling
trägt einen grünen Fingerring.
Refrain

4. Die Schlange, die Schlange
verschluckte eine Zange.
Refrain

131

5. Das Borstenschwein, das Borstenschwein,
das stand ganz still auf einem Bein.
Refrain

6. Dem „Aua"hahn, dem „Aua"hahn,
dem tut ganz mächtig weh der Zahn.
Refrain

7. Die Katze, die Katze,
die machte eine Fratze.
Refrain

8. Die Eule, die Eule
kriegt auf dem Kopf 'ne Beule.
Refrain

Unser Haus

1. Bei uns im Keller unten,
da sind die Mäuse verschwunden.
Der Öltank kam ihnen gefährlich vor,
sie flüchteten alle durchs Abflußrohr.
Die Katze ärgert sich da sehr.
Sie findet keine Mäuse mehr.
Refrain:
Tripp, tripp, trapp mit Maus und Mann,
jetzt kommt das nächste Stockwerk dran.

2. Darin wohnt Anton Dörr,
und das ist der Friseur,
sagt immer: Ja und bitteschön.
Wie wär's denn recht? Den Kopf jetzt drehn.
Jawohl, das wär's und bitte sehr!
Kassieren tut er hinterher.
Refrain

3. Bei uns im ersten Stock,
da wohnt der kleine Hock.
Da gibt's oft Krach am Mittagstisch,
was hält der Bub den Mund auch nicht.
Der Vater Hock, der kommt in Wut,
wenn man ihm nicht gehorchen tut.
Refrain

4. Bei uns im zweiten Stock,
da wohnt der Doktor Bock.
Tut mir der Backenzahn mal weh,
muß ich zum Doktor Bock hingehn,
der kümmert sich dann um den Zahn,
verdient anscheinend gut daran.
Refrain

5. Im dritten Stock wohnt einer,
das ist der lange Rainer.
Der kommt mit 'm Sturzhelm um die Eck,
steigt auf sein Moped und fährt weg.
Dann knattert er die kreuz und quer,
weil er sehr gern der Schnellste wär.
Refrain

6. Im fünften Stock, au backe,
da wohnt der alte Knacke.
Er wohnte gern im ersten Stock,
doch da wohnt schon der Vater Hock
und ruft: Du meine Güte,
kommt gar nicht in die Tüte.
Refrain

7. Ganz oben auf dem Dach,
da machen die Spatzen Krach.
Die zahlen keine Miete nicht
und balgen sich ganz fürchterlich.
Das Dach ist ihre Spatzenwelt,
's macht „pitsch", wenn da was runterfällt.
Refrain:
Tripp, tripp, trapp mit Mann und Maus.
Trapp, tripp, tripp, das Lied ist aus.

Vom Laufenlernen

1. Sie krabbelt schon im Zimmer rum
und kippt fast den Papierkorb um.
Sie guckt, wenn Papa Bratwurst brät
und wenn er seine Socken näht,
hört, wie die Badewanne klingt,
wenn jemand darin Lieder singt.
Refrain:
Na so was, na so was, Sabine ist noch klein.
Na so was, na so was, sie möcht gern größer sein.

2. Im Zimmer steht ein Wäscheschrank,
und da sind viele Griffe dran.
Sie zieht sich hoch mit aller Kraft.
Jetzt noch ein Stück... sie hat's geschafft!
Sie steht und freut sich... Doch wieso?
Bums, sitzt se wieder auf dem Po...
Refrain

3. Jetzt sitzt sie da und ärgert sich:
Es laufen alle – nur nicht ich.
Der Papa läuft auf Zehenspitzen,
die Schwester kann auf Rollschuhn flitzen.
Die Katze springt im Zimmer rum,
mal rechts, mal links und fällt nicht um.
Refrain

4. Sie gibt nicht auf, und Stück für Stück
versucht sie noch einmal ihr Glück.
Sie steht... jetzt wird nach vorn getappt,
mal rechts... mal links... und Glück gehabt,
und jetzt schon fast im Dauerlauf...
sie fällt... doch Papa fängt sie auf.

Na so was, na so was, sie läuft schon richtig los.
Na so was, na so was, jetzt ist sie auch bald groß.

5. Die ersten Schritte sind noch klein,
bald läuft sie aber ganz allein.
Der Hund ist auch nicht mehr so groß.
Sie nimmt ihn mit, läuft einfach los,
grad in die weite Welt hinein,
viel weiter weg als Hänschen klein.
Refrain:

Von den Bremer Stadtmusikanten

1. Ein' Tritt in den Hintern. Der Esel muß laufen.
Und der Müller, der schimpft: Den kann ich
   nicht brauchen.
Und da war der Hund, der jaulte so sehr.
Mein Herr will mich totschlagen. Bald leb ich nicht mehr.
Die Katze, die schrie, als hing sie am Spieß.
Die wolln mich ersäufen, und das find ich fies.
Und da war der Hahn, der zum letzten Mal schrie:
Ich soll in die Suppe: Kikeriki!
Refrain:
Da sagte der Esel: Hier… weht kein guter Wind.
Da muß man doch sehn, daß man was Besseres find.

Wir ziehen nach Bremen und weit übers Land.
Da wird von uns jeder... Stadtmusikant.

2. Da zogen sie weiter... tief in einen Wald.
Da wurde es finster und auch ziemlich kalt.
Der Esel, der fror, und die Katz wollt nichts sagen.
Der Hahn saß im Baum, und dem Hund knurrt
   der Magen.
Doch da schrie der Hahn, da muß etwas sein.
Ein Licht in der Ferne. Es ist noch ganz klein.
Da zogen sie hin, und sie standen, o Graus,
vor einem rabatzlauten Räuberhaus.
Refrain

3. Da sagte der Hahn, so was wäre verkehrt.
Wir geben hier gleich unser erstes Konzert.
Der Esel schrie unten. Ganz oben der Hahn.
Hund und Katz in der Mitte. Die Musik fängt an.
Die Räuber, die flohn, und der Braten blieb liegen.
Sie wollten doch nicht die Hucke voll kriegen.
Die Tiere, die setzten sich gleich an den Tisch
und aßen und tranken ganz königlich.
Refrain:
Da sagte der Esel: Hier weht guter Wind!
Man muß eben sehn, daß man was Besseres find.
Doch dann geht's nach Bremen und weit übers Land,
da wird von uns jeder ein Stadtmusikant.

4. Sie legten sich schlafen, und im Haus war es still.
Und ein Räuber schlich ran, weil er nachgucken will.

Er zündet ein Streichholz. Doch das will nichts taugen.
Es war keine Glut, warn der Katz ihre Augen.
Und dann an der Tür biß ihm einer ins Bein,
ein andrer schlug zu, und vom Dach hört er's schrein:
Bringt mir den Schelm her, kikeriki.
Und da lief der Räuber so schnell wie noch nie.
Refrain:
Da sagte der Räuber: Hier… weht kein guter Wind.
Da muß man doch sehn, daß man was Besseres find.
Denn die da drinnen sind schlimmer als wir.
Ganz finstre Halunken. Ich glaub, es sind vier.

5. Und am nächsten Morgen, da krähte der Hahn.
Alle Mann aufstehn, die Reise fängt an.
Sie zogen nach Bremen und weit übers Land,
und da wurde jeder… Stadtmusikant.
Und der das erzählt hat, wie alles so kam,
dem ist vom Erzählen der Mund noch warm.

Was ein Kind braucht

Text: P. Maiwald
Musik: F. Vahle

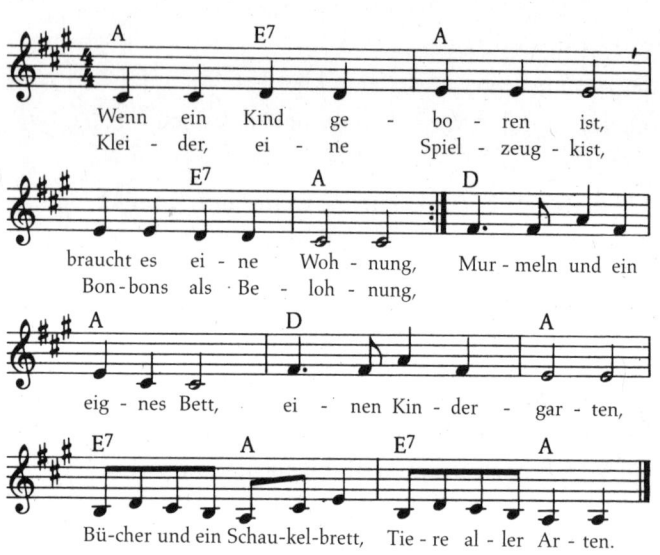

Wenn ein Kind ge-bo-ren ist,
Klei-der, ei-ne Spiel-zeug-kist,
braucht es ei-ne Woh-nung, Mur-meln und ein
Bon-bons als Be-loh-nung,
eig-nes Bett, ei-nen Kin-der-gar-ten,
Bü-cher und ein Schau-kel-brett, Tie-re al-ler Ar-ten.

1. Wenn ein Kind geboren ist,
braucht es eine Wohnung,
Kleider, eine Spielzeugkist,
Bonbons als Belohnung,
Murmeln und ein eignes Bett,
einen Kindergarten,
Bücher und ein Schaukelbrett,
Tiere aller Arten.

2. Wälder, Wiesen, eine Stadt,
Sommer, Regen, Winter,
Flieger, Schiffe und ein Rad,
viele andre Kinder,
einen Mann, der Arbeit hat,
eine kluge Mutter,
Länder, wo es Frieden gibt,
und auch Brot und Butter.

3. Wenn ein Kind nichts davon hat,
kann's nicht menschlich werden.
Daß ein Kind das alles hat,
sind wir auf der Erden.

Wem gibt der Elefant die Hand?

1. Der Elefant… borom… borom…
kommt angerannt… borom… borom…
und gibt dem Krokodil die Hand.
Das tanzt und wackelt mit dem Bauch
und sagt zum Nilpferd: Komm, tanz auch.

2. Das Nilpferd tanzt… borom… borom…
es dröhnt und kracht… borom… borom…
schon hat der Tiger mitgemacht.
Der Tiger tanzt auf einem Bein
und gibt die Hand dem Borstenschwein.

3. Das quiekt und grunzt… borom… borom…
und ist vergnügt… borom… borom…
weil es der Affe weiterzieht.
Komm, mach mit, es ist nicht schwer!
sagt der Affe dann zum Bär.

4. Und der greift mit der Bärenpratze… borom…
borom…
nach der weichen Panthertatze… borom… borom…
Der Panther kommt fast aus dem Takt,
als ihn von rechts der Esel packt.

5. Der Esel springt… borom… borom…
es wippt sein Schwanz… borom… borom…

Der Fuchs schleicht ran und guckt und … tanzt.
Zusammen rum und kunterbunt.
Der Fuchs gibt seine Hand dem Hund.

6. Doch jemand fehlt… borom… borom…
bestimmt noch hier… borom… borom…
Wem gibt der Hund die Hand?
Na, dir!
Borom bom bom, borom bom bero berom…

143

Wolken lied

Text: F. Vahle
Musik: F. Vahle

Ich möch - te hin zu je - ner Wol - ke

gehn. Das letz - te Stück werd ich wohl flie - gen

müs - sen. Und hoch da o - ben wer - de ich den

Wind auf sei - ne kal - ten Plu - ster - bak - ken

küs - sen.

Und ich lauf ein - fach hoch, da kenn ich

nix. Ganz wei - ße Schäf - chen - wol - ken kit - zeln mir die

Fü - ße. Und brin - gen mir von tau - send Blu - men -

wie - sen die al - ler-schön-sten wei - ßen Wol-ken
grü - ße.

1. Ich möchte hin zu jener Wolke gehn.
Das letzte Stück werd ich wohl fliegen müssen.
Und hoch da oben werde ich den Wind
auf seine kalten Plusterbacken küssen.

Und ich lauf einfach hoch, da kenn ich nix.
Ganz weiße Schäfchenwolken kitzeln mir die Füße.
Und bringen mir von tausend Blumenwiesen
die allerschönsten weißen Wolkengrüße.

2. Die grauen Regentrudelwolken rücken ran.
Wenn die mal losheuln, tropft die halbe Welt.
Wenn die mal bös sind, donnert's los und kracht,
bis kalter Hagel auf die Blütenblätter fällt.

Die kleine Abendwolke aber auch,
die in der Ferne bei der Sonnenkugel steht.
Der schau ich zu und liege auf dem Bauch,
wenn sie mein Freund, der Wind,
      nach Süden weiterweht.

3. Der große Himmel hat für alle Wolken Platz.
Nur eine Wolke darf sich nie erheben,
die aus der Bombe kommt – von Menschen ausgedacht –
und niederfällt und quält und tötet alles Leben.

Wir haben alle andern Wolken lieb,
die uns begleiten durch das ganze Leben,
die ständig wechseln und vorüberziehn
und uns hier unten Mut für neue Träume geben.

Wo wohnt wohl der Weihnachtsmann?

1. Wo und wie und was und wann,
wo wohnt wohl der Weihnachtsmann?
In den Wolken ganz weit weg
sitzt er froh und munter,
sitzt er da mit Sack und Pack
… und fällt niemals runter!

2. Wo und wie und was und wann,
wo wohnt wohl der Weihnachtsmann?
Wohnt er tief im Tannenwald,
wo der Mond verschwindet,
und er lacht in seinen Bart,
weil ihn niemand findet?

147

3. Wo und wie und was und wann,
wo wohnt wohl der Weihnachtsmann?
Oder aber wohnt er wohl
ganz im hohen Norden
und ist bei den Eskimos
…Großpapa geworden?

4. Wo und wie und was und wann,
wo wohnt wohl der Weihnachtsmann?
Wohnt er in der Felsenschlucht
dicht beim Bergesgipfel,
und man sieht von ihm nicht mal
…den Kapuzenzipfel?

5. Wo und wie und was und wann,
wo wohnt wohl der Weihnachtsmann?
Oder aber liegt er den
ganzen Sommer lang
irgendwo in Spanien
…braungebrannt am Strand?

6. Wo und wie und was und wann,
wo wohnt wohl der Weihnachtsmann?
Ganz egal, er wohnt weit weg.
Und wie wunderbar,
daß er's dies Jahr wieder schafft
und ist einfach da.
Wo und wie und was und wann,
da kommt schon der Weihnachtsmann!

Das Würmchen

Text: trad., F. Vahle
Musik: F. Vahle

C
1. Ein Mensch, der saß auf sei - nem Po, sang

G7 **C**
die Ge-schich-te so. Sitzt ein Wurm, auf 'nem

G7 **C**
Turm mit 'nem Schirm un - term Arm. Kommt ein

G7
Sturm, wirft den Wurm mit dem Schirm un - term

Arm ssssssssssst vom Turm

letzte Strophe: **C**
ssssssssssst fort vom Türm-chen.

149

1. Ein Mensch, der saß auf seinem Po,
sang die Geschichte so:
Sitzt ein Wurm
auf 'nem Turm
mit 'nem Schirm
unterm Arm.
Kommt ein Sturm,
wirft den Wurm
mit dem Schirm
unterm Arm
sssssssssssssssst
vom Turm.

2. 'ne Tante saß auf ihrem Po,
sang die Geschichte so:
Sitzt ein Würmlein
auf dem Türmlein
mit 'nem Schirmlein
unterm Ärmlein.
Kommt ein Stürmlein,
wirft das Würmlein
mit dem Schirmlein
unterm Ärmlein
sssssssssssssssst
vom Türmlein.

3. Ein Schwabe saß auf seinem Po,
sang die Geschichte so:
Sitzt e Würmle
aufem Türmle

mittem Schirmle
unterm Ärmle.
Kommt e Stürmle,
schmeißt des Würmle
mittem Schirmle
sssssssssssssssssst
vom Türmle.

4. Ein I, das saß auf seinem Po,
sang die Geschichte so:
Sitzt in Wirm
ifim Tirm
mittim Schirm
intirm Irm.
Kimmt in Stirm,
wirft din Wirm
mittim Schirm
intirm Irm
sssssssssssssssssst
vim Tirm.

5. Ein Hesse saß auf seinem Po,
sang die Geschichte so:
Sitzt e Wärmsche
uffem Tärmsche
mittem Schärmsche
unnerm Ärmsche.
Kummt e Schtärmsche,
saacht zum Wärmsche:
Ei, ich blos disch gleich
vom Tärmsche!
Naa, saacht das Wärmsche
mittem Schärmsche unnerm Ärmsche,
naa, du blost mich net vom Tärmsche.
Doch, saacht das Schtärmsche
zu dem Wärmsche,
und ich blos dich doch vom Tärmsche.
Ä, ä, saacht das Wärmsche
mit dem Schärmsche unnerm Ärmsche,
und du blost mich net vom Tärmsche!

6. Und das Würmchen
auf dem Türmchen
öffnete ganz schnell
sein Schirmchen.
Und es segelt
auf dem Stürmchen

ssssssssssssssssst
fort vom Türmchen.

Zehn kleine Fledermäuse

Text: F. Vahle
Musik: F. Vahle

Zehn klei-ne Fle-der-mäu-se flo-gen um die Scheun. Der ei-nen wur-de schwin-de-lig, da wa-ren's nur noch neun.

Pfeifen

1. Zehn kleine Fledermäuse
flogen um die Scheun.
Der einen wurde schwindelig,
da waren's nur noch neun.

2. Neun kleine Fledermäuse
flatterten durch die Nacht.
Die eine flog zu Dracula,
da waren's nur noch acht.

153

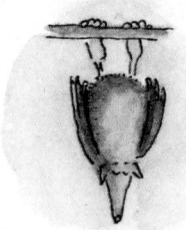

3. Acht kleine Fledermäuse
wollten Kegel schieben.
Die eine hat total verpennt,
da waren's nur noch sieben.

4. Sieben kleine Fledermäuse
ärgerten die Hex.
Die Hexe, die hat zugegrabscht,
da waren's nur noch sechs.

5. Sechs kleine Fledermäuse
flogen in die Sümpf.
Die eine hatte Angst davor,
da waren's nur noch fünf.

6. Fünf kleine Fledermäuse
spielten mal Klavier.
Der einen wurde schlecht davon,
da waren's nur noch vier.

7. Vier kleine Fledermäuse
kochten Käferbrei.
Doch eins wollt lieber Himbeereis,
da waren's nur noch drei.

8. Drei kleine Fledermäuse
kloppten sich, auwei.
Da kam die Polizei gerannt,
da waren's nur noch zwei.

9. Zwei kleine Fledermäuse
hießen beide Heinz,
der eine mußt zur Bundeswehr,
da war es nur noch eins.

10. Eine kleine Fledermaus,
die tanzte Rambazamba.
Da kamen die andern neun dazu
und tanzten durcheinander.

11. Und daß auch keins verlorengeht,
vor dem Nach-Hause-Gehn,
da ham sie noch mal durchgezählt,
da waren's wieder zehn.

Die zwei Flöhe

1. Wir sind zwei flinke Flöhe,
Hans Pantsching und Franz Pantschong,
und springen durch die Gegend:
Ping Pang Pung, Pang Ping Pong.
Wir tanzen Tango und Rumba
auf dem Bauch von Tante Gunda
und spielen Tarzan im Dschungel
in Rudi Ruhmanns Rauschebart.
Refrain:
Parangpangpang pang pang pang pang pang pang
parangpangpang pang pang pang pang pang pang

2. Wir hüpfen um die Wette:
von Herrn Schlamms Sonntagshut
auf den Dutt von Tante Nette.
Allez hopp, was sind wir gut.
Rutschen wir dann froh und munter
ihren langen Rücken runter.
Kitzeln die Tante in den Achseln,
bis sie lacht, daß es kracht.

3. Wir ziehen auf Safari
fort in ein fernes Land.
Der dicke Dackel Waldi
ist der Reitelefant.
Und werden wir abends müde,
machen wir den letzten Hopser
in einen alten, warmen Fuchspelz.
Gute Nacht – schlaf sacht.
Hans Pantsching und Franz Pantschong.
Ping Pang Pung, Pang Ping Pong.

Die Zwerge

1. Da oben auf dem Berge,
da ist der Teufel los.
Da prügeln sich drei Zwerge
um ein' Kartoffelkloß.

2. Der eine will ihn haben,
der andre läßt nicht los.
Er ruft: Verflixt und zugenäht,
da platzt ihm schon die Hos.

3. Sie kloppten sich noch lange,
dann spürten sie es auch.
Sie hatten Riesenhunger
in ihrem Zwergenbauch.

4. Sie setzten sich und schmatzten
und rülpsten kräftig los
und hatten einen Riesenspaß
an dem Kartoffelkloß.

5. Dann sind die drei verschwunden,
doch hört man dann und wann
ein Schmatzen und ein Kichern,
wo sie gesessen ham.

Quellenverzeichnis

„Anne Kaffeekanne"; „Ballade von Hans-mein-Igel"; „Higgelty, Piggelty, Pop und Pu"; „Kawuras – Der Krebs"; „Leni Tanzbein"; „Lied vom Wecken"; „Lio-liolalied"; „Das Märchen von der Unke"; „Pinguin-Lied"; „Der Rabe"; „Schlaflied für Anne"; „Vom Laufenlernen"; „Von den Bremer Stadtmusikanten" aus: „Das Anne Kaffeekanne Liederbuch" von Fredrik Vahle. Mit Zeichnungen von Ute Krause. Aktive Musik Gesellschaft mbH, Dortmund.

„Ayşe und Jan"; „Der Friedensmaler"; „Das Gespensterkind"; „Das Hexenmädchen"; „Der Kastanienbaum"; „Paule Puhmanns Paddelboot"; „Tante Gerda"; „Tanzlied"; „Wolkenlied" aus: „Das Buch mit dem Friedensmaler" von Fredrik Vahle. Mit Zeichnungen von Dieter Süverkrüp. Aktive Musik Gesellschaft mbH, Dortmund.

„Der Cowboy Jim aus Texas"; „Der Elefant auf dem Spinnennetz"; „Der Fuchs"; „Der Hase Augustin"; „Hase und Igel"; „Hau-mich-nicht-Lied"; „Herr Krötzkopp wollte bauen"; „Der Hühnerhof"; „Kakadukanon"; „Die Katze Musulunga"; „Kitzelsteinlied"; „Das kleine bunte Trampeltier"; „Die Krähe"; „Das Lied von der kleinen Klasse"; „Das Lied von der müden Fliege"; „Meine Oma fährt im Hühnerstall Motorrad"; „Die Postfrau"; „Pu Pam und Pam Pu"; „Das Rätseltier"; „Ritter Klipp von Klapperbach"; „Die Rübe"; „Das schnelle Lied"; „Schweinelied"; „Der Spatz"; „Die Tante"; „Tierverse"; „Unser Haus"; „Was ein Kind braucht"; „Das Würmchen"; „Die zwei Flöhe"; „Die Zwerge" aus: „Liederspatz". Ein Lieder-Lese-Bilderbuch von Fredrik Vahle. Mit Zeichnungen von Arend Agthe. Aktive Musik Gesellschaft mbH, Dortmund.

„Griechisches Winterlied"; „Lied vom Weihnachtsmann"; „Das Rackedickeducke-Lied"; „Das Rentier"; „Schlaflied"; „Wo wohnt wohl der Weihnachtsmann?" aus: „Weihnachtsgrüße. Geschichten und Gedichte, nicht nur zur Weihnachtszeit" von Fredrik Vahle. Mit Bildern von Ute Krause. © 1986 Text beim Gertraud Middelhauve Verlag, München und © Musik bei Aktive Musik Gesellschaft mbH, Dortmund.

„Das Katzentatzentanzspiel" aus: „Seht mal, wer da rennt…" von Fredrik Vahle. © 1987 Text beim Gertraud Middelhauve Verlag, München und © Musik bei Aktive Musik Gesellschaft mbH, Dortmund. Vgl. auch: „Katzentatzenhühnerhof" von Fredrik Vahle und Helme Heine. © 1989 Text beim Gertraud Middelhauve Verlag, München und © Musik bei Aktive Musik Gesellschaft mbH, Dortmund.

„Wem gibt der Elefant die Hand?" aus : „Wem gibt der Elefant die Hand?" von Fredrik Vahle. Mit Bildern von Józef Wilkón. © 1982 Text beim Gertraud Middelhauve Verlag, München und © Musik bei Aktive Musik Gesellschaft mbH, Dortmund.

„Zehn kleine Fledermäuse" aus: „Mäusepfiff und Himmelsblau. Geschichten, Lieder, Spiele, Gedichte" von Fredrik Vahle. Mit Bildern von Helme Heine. © 1983 Text beim Gertraud Middelhauve Verlag, München und © Musik bei Aktive Musik Gesellschaft mbH, Dortmund.

„Omnibuslied" („Riding in my Car") von Woody Guthrie. Deutscher Text von Fredrik Vahle. © by Folkways Music Publ. Inc., New York für Deutschland, Österreich und die Schweiz: Essex Musikvertrieb GmbH, Köln.